Gesetz,

betreffend

die Prüfung der Läufe und Verschlüsse der Handfeuerwaffen.

Vom 19. Mai 1891.

Nebst den Ausführungsbestimmungen des Bundesrathes vom 22. Juni 1892.

Text=Ausgabe mit historischer Einleitung und Anmerkungen unter vergleichender Berücksichtigung der bezüglichen Gesetzgebung von England, Belgien, Frankreich und Oesterreich

von

Georg Koch,
Hauptmann a. D.

Berlin.
J. Guttentag, Verlagsbuchhandlung.
1892.

Vorwort.

Das Gesetz über die amtliche Prüfung der Läufe und Verschlüsse der Handfeuerwaffen, welches bestimmt ist, unserer heimischen Waffenindustrie einen neuen Aufschwung zu geben und sie exportfähiger zu machen, in gleicher Weise aber auch das kaufende Publikum vor unsoliden Fabrikaten zu schützen, verändert die bis jetzt maßgebenden Bedingungen der Waffenfabrikation und des Waffenhandels in einschneidender Weise.

Bei der knappen Fassung der einzelnen Gesetzes-Paragraphen und der Neuheit der ganzen Materie wird es jedoch nicht immer leicht sein, den Sinn der betreffenden gesetzlichen Vorschriften richtig auszulegen, und sollen die beigefügten, auf Grund der Verhandlungen in der Kommission und im Plenum des Reichstages und der dabei abgegebenen Erklärungen der Herren Regierungsvertreter verfaßten Anmerkungen hierzu einen Anhalt gewähren.

Es ist ferner in denselben auf die einschlägige Gesetzgebung der hierbei in Betracht kommenden anderen Staaten, so weit sie für den Export der im Inlande als den Kauf der im Auslande fabrizirten Waffen von Wichtigkeit erscheint, Bezug genommen, auch sind die betreffenden Prüfungsstempel in Zeichnung beigefügt.

Sömmerda im August 1892.

Georg Koch.

Geschichtliche Einleitung und Begründung.

Während in andern für die Gewehr-Industrie in Betracht kommenden Staaten die amtliche Prüfung der Läufe und Verschlüsse der Handfeuerwaffen längst gesetzlich angeordnet und festgestellt war, entbehrte bis jetzt das deutsche Reich dahin gehende Gesetzes-Vorschriften. In England wurde das amtliche Prüfungs-Verfahren zuerst durch ein Gesetz vom 14. März 1637 (Charter of 14. March 1637) eingeführt, dann durch weitere Verordnung (The Gun Barrel Proof Act) 1855 und endlich durch das jetzt gültige Gesetz vom 13. Juli 1868 geregelt. Auch in Belgien datirt das erste dahin gehende Gesetz bereits vom Jahre 1672, während die neueste gesetzliche Grundlage des Prüfungs-Verfahrens das Gesetz vom 24. Mai 1888 nebst den dahin gehörenden Königlichen Verordnungen vom 6. März 1889 bildet. In Frankreich wurde ein Prüfungs-Gesetz unter dem 14. Dezember 1810 eingeführt, unter dem 22. April 1868 ein neues Gesetz erlassen und das Prüfungs-Verfahren durch die Vorschriften der Chambre de commerce de St. Etienne vom 26. Mai 1870 geregelt.

In Oesterreich bestand eine Anstalt zur fakultativen Prüfung der Handfeuer-Waffen in Ferlach, ein Gesetzentwurf, betreffend die obligatorische Prüfung derselben, wurde von beiden Häusern des Reichsraths 1888 angenommen und ist am 1. Januar 1892 in Kraft getreten.

Da die Staaten, in denen ein gesetzlicher Zwang zur Prüfung der Handfeuerwaffen bestand, ihre Grenzen allen ungeprüften Fabrikaten verschlossen und mithin der Export nach diesen Ländern sehr erschwert resp. gänzlich ausgeschlossen war, so bestand in den deutschen Interessenten-Kreisen schon längst der Wunsch nach einer gesetzlichen Einführung der obligatorischen Prüfung. Nachdem durch eine vom Reichskanzleramt im Jahre 1886 angestellte Enquête festgestellt war, daß dieser Wunsch von dem weitaus größten Theile der betreffenden Industriellen getheilt wurde, wurde dem Reichstage unter dem 30. November 1890 der Entwurf eines Gesetzes, betreffend die Prüfung der Läufe und Verschlüsse der Handfeuerwaffen, vorgelegt.

Die erste Berathung desselben fand am 3. Februar 1891 statt und wurde in dieser beschlossen, den Entwurf einer Kommission von 14 Mitgliedern zur Vorberathung zu überweisen. Die Kommission erledigte die Vorlage in 2 Sitzungen und erstattete unter dem 24. Februar 1891 dem Reichstage Bericht über dieselbe, worauf in der Sitzung vom 24. April 1891 das Gesetz in zweiter Lesung berathen und schließlich in der Sitzung vom 30. April nach den Kommissions-Anträgen in der Fassung des ursprünglichen Entwurfes, der nur eine geringfügige Abänderung im §. 9 erfahren hatte, endgültig genehmigt wurde. Die zur Durchführung des Gesetzes erforderlichen Ausführungsbestimmungen (im Anhang beigefügt) wurden in der Sitzung des Bundesraths vom 17. Juni 1892 genehmigt und in Nr. 33 des Reichsgesetzblattes unter dem 22. Juni 1892 publizirt.

Von dem Gesetze ist nur der §. 8, welcher bestimmt, daß die Errichtung der Prüfungsanstalten durch die Landesregierungen zu erfolgen hat, mit dem Tage der Verkündigung des Gesetzes in Kraft getreten. Seinem Gesammtinhalte nach kann das Gesetz erst dann in Kraft gesetzt werden, wenn von Seiten der Landesregierungen die Prüfungsanstalten in der erforderlichen Zahl errichtet sein werden. Nach einer Mittheilung in Nr. 151 des Reichsanzeigers wird dies am Schlusse des Jahres 1892 der Fall sein, und der Zeitpunkt für das Inkrafttreten des Gesetzes voraussichtlich auf den 1. Januar 1893 festgesetzt werden.

Zu der Inkraftsetzung bedarf es nach §. 10 des Gesetzes einer unter Zustimmung des Bundesrathes zu erlassenden Kaiserlichen Verordnung.

Begründung.

Das Gesetz wurde mit folgender allgemeiner Begründung dem Reichstage vorgelegt:

„Die Einführung des Zwanges zur Prüfung der Läufe und Verschlüsse der in den Handelsverkehr gelangenden Handfeuerwaffen jeglicher Art, Lang- und Kurzfeuerwaffen durch eine Beschußprobe mit verstärkter Ladung in staatlich eingerichteten öffentlichen Prüfungsanstalten bezweckt die Förderung der deutschen Gewehrindustrie."

In Deutschland findet die Erzeugung von Handfeuerwaffen und von Theilen solcher, — abgesehen von der Herstellung dieser Waffen und Waffentheile in staatlichen Militärwerkstätten — in einzelnen größeren gewerblichen Anlagen (in Suhl, Sömmerda, Zella-Mehlis, Annen, Witten, Oberndorf (Württemberg), Gaggenau (Baden) u. a. O.), außerdem in einer großen Zahl kleingewerblicher und hausindustrieller Betriebe statt.

Nach der Gewerbestatistik von 1882 wurden in 1686 Hauptbetrieben der Gewehrindustrie 6647 Personen beschäftigt. Nur sechs von diesen Hauptbetrieben beschäftigten zwischen 201 und 1000 Personen. In 1031 Hauptbetrieben befanden sich keine Gehülfen. Von den Kleinmeistern befassen sich indessen viele regelmäßig nur mit der Reparatur von Gewehren und höchstens gelegentlich mit der Herstellung von Gewehrtheilen. Die Gewehrindustrie kann mithin in Deutschland im Verhältniß zu anderen Ländern gegenwärtig als eine umfangreiche nicht bezeichnet werden. Der Werth der Ausfuhr Deutschlands an Jagd- und Luxusgewehren und Theilen von solchen bezifferte sich nach der Ausfuhrstatistik

1885	auf	1385000	Mk.
1886	„	1076000	„
1887	„	944000	„
1888	„	1174000	„
1889	„	2155000	„

Die einheimische Gewehrindustrie hat zur Zeit noch mit Hemmnissen mancherlei Art zu kämpfen. In nicht geringem Maße kommt hierbei die Gesetzgebung mehrerer ausländischer Staaten in Betracht, welche durch die Einführung von Prüfungsvorschriften die Einfuhr von Handfeuerwaffen aus Ländern ohne solche Vorschriften wesentlich erschwert hat.

Die Prüfung der Handfeuerwaffen in amtlichen Prüfungsanstalten besteht auf gesetzlicher Grundlage in Belgien, England und Frankreich bereits seit langer Zeit, in Belgien seit 1672. In diesen drei Ländern ist die Prüfung eine obligatorische. In Belgien befindet sich die Prüfungsanstalt in Lüttich, dem Hauptsitz der belgischen Gewehrindustrie, mit einem vom König ernannten Oberbeamten und einer durch die Gewehrfabrikanten des Orts gewählten Verwaltungskommission. Die Beschußprobe der Waffen ist je nach der Art derselben eine ein-, zwei-, unter Umständen dreimalige. Die neueste gesetzliche Grundlage bildet das Gesetz vom 24. Mai 1888 (loi portant réglementation de la situation du banc d'épreuves des armes à feu établi à Liége) „Moniteur belge" von 1888 Nr. 160.

Die zu dem Gesetz durch den König erlassenen Ausführungsbestimmungen sind unter dem 6. März 1889 in dem „Moniteur belge“ von 1889 Nr. 69 veröffentlicht worden. In England liegt das Prüfungsgeschäft in den Händen der Büchsenmacher-Innungen von London und Birmingham, der Staat überwacht indessen das Verfahren. Die Beschußprobe ist, je nachdem die Waffe unter eine der gesetzlich bestimmten Klassen entfällt, eine ein- bezw. zweimalige. Die gesetzliche Grundlage bilden hier die Gun Barrel Proof Act vom 13. Juli 1868 und die zu derselben erlassenen, unter dem 28. Dezember 1887 von der Aufsichtsbehörde genehmigten neuesten Ausführungsbestimmungen („London Gazette“ vom 3. Januar 1888). In Frankreich ist die Prüfungsanstalt zu St. Etienne mit der dortigen Handelskammer in Verbindung gebracht. Der Direktor wird vom Minister ernannt. Die Beschußprobe ist eine ein- bis zweimalige. Unterschieden werden für dieselbe: glatte Waffen zu Kriegszwecken, gezogene Waffen (Kriegs-, Jagd- und Luxuswaffen) und andere Waffen. Die gesetzliche Grundlage bildet das Décret impérial portant Règlement d'administration publique sur l'épreuve des armes à feu portatives vom 22. April 1868. Mit Beziehung auf die Strafbestimmungen sind noch maßgebend die Bestimmungen der Artikel 8 und 15 des Kaiserlichen Dekrets vom 14. Dezember 1810.

Unter dem 16. März 1886 hat die österreichische Regierung den gesetzgebenden Faktoren einen Gesetzentwurf, betreffend die obligatorische Erprobung aller Handfeuerwaffen, vorgelegt. Ueber diesen Gesetzentwurf wurde von dem Gewerbe-Ausschuß des Abgeordnetenhauses unter dem 31. Januar 1888

Bericht erstattet. Hierauf wurde der Entwurf in der von dem Ausschuß vorgeschlagenen Fassung durch beide Häuser des österreichischen Reichsraths angenommen. Die Publikation des Gesetzes steht jedoch noch bevor.*) Nach der Begründung jenes Entwurfs ist die Einbringung eines Gesetzentwurfs gleichen Inhalts bei den gesetzgebenden Faktoren Ungarns in Aussicht genommen. Eine Anstalt für fakultative Prüfung der Handfeuerwaffen besteht in Ferlach in Oesterreich bereits seit 1882.

Nach den übereinstimmenden Vorschriften Belgiens (Art. 11 Absatz 1 des Gesetzes von 1888),[1]) Englands (Art. 129 bis 132 der Gun Barrel Proof Act)[2]) und

---

*) Anmerkung. Die Publikation ist am 23. Juni 1891 erfolgt und das Gesetz am 1. Januar 1892 in Kraft getreten.

[1]) Belgisches Gesetz vom 24. Mai 1888.

Article 10.

Nul ne peut vendre, exposer en vente, ni avoir dans ses magasins boutiques ou ateliers aucune arme ou partie d'arme sujette à l'épreuve, qui n'ait été éprouvée et marquée des poinçons que comporte son degré d'achèvement, conformément aux arrêtes royaux pris en exécution de l'article 9. 5° de la présente loi.

Article 11.

Ne tombent pas sous l'application de l'article 10, les armes à feu importées de l'étranger, qui portent le poinçon d'un banc d'épreuves officiellement reconnu par le gouverne ment du pays de provenance.

[2]) Englisches Gesetz vom 13. Juli 1868.

Article 132.

Every Barrel of Foreing Manufacture, having duly and law fully impressed thereon the due and proper Mark, Sign, or Character indicative of de due Proof thereof at any Foreign Proof House, the Mark whereof shall be entered in and

Frankreichs (Art. 1 Abs. 2 des Dekrets von 1868)[3]) sind in diesen Ländern aus dem Auslande eingeführte Handfeuerwaffen nur dann von der Prüfung befreit, wenn sie die gesetzlich vorgeschriebenen Prüfungszeichen ihres Erzeugungslandes tragen. Für England besteht außerdem die Bestimmung, daß die Prüfungszeichen des auswärtigen Staates, um als den englischen gleichwerthig anerkannt zu werden, in ein Register einer der beiden oben genannten Büchsenmacher-Innungen eingetragen sein müssen. Durch die angeführten gesetzlichen Bestimmungen Belgiens, Englands und Frankreichs sind die deutschen Erzeuger von Handfeuerwaffen gegenwärtig und so lange es eine amtliche Prüfung solcher Waffen auf gesetzlicher Grundlage in Deutschland nicht giebt, genöthigt, ihre Erzeugnisse, wenn dieselben nach einem der genannten Länder ausgeführt werden sollen, dorthin, unter Umständen wiederholt, behufs Vornahme der Prüfung zu senden. Der Ausfuhrhandel hat hierunter zu leiden.

---

correspond whith the Register of Foreign Proof Marks kept at the Proof House of either of the Two Compagnies, shall be exempted from the Provisions of this Act: — — —

[3]) Französisches Gesetz vom 22. April 1868.

Article 1.

Toutes les armes à feu fabriquées en France, de quelque calibre et dimension qu'elles soient, doivent être éprouvées aux bancs d'épreuve établis à cet effet dans les centres de fabrication.

Il en est de même des armes à feu importées de l'étranger à moins qu'elles ne portent le poinçon d'épreuve légale du pays de provenance.

Der österreichische Gesetzentwurf (§. 1 Absatz 2) hat vorgeschlagen, daß in das Geltungsgebiet des Gesetzes eingeführte Handfeuerwaffen dem Prüfungszwang unterliegen,

> „wofern sie nicht mit — den inländischen gleich zu achtenden — fremdländischen Probezeichen versehen sind. Welche Stempel fremdländischer Probiranstalten den inländischen gleich gehalten werden, wird im Verordnungswege festgestellt.“

Der österreichische Gesetzvorschlag hat demnach die Zulassung im Auslande hergestellter Handfeuerwaffen ebenfalls davon abhängig gemacht, daß dieselben die Prüfungszeichen eines auswärtigen Landes tragen, gleich dem englischen Gesetz aber die Vorschrift noch dadurch verschärft, daß eine Prüfung in der Richtung stattfinden soll, ob die ausländischen Zeichen den inländischen gleich zu achten sind. Sobald der österreichische Gesetzentwurf mit der oben bezeichneten Bestimmung Gesetz wird, so muß auch der verhältnißmäßig erhebliche Ausfuhrhandel Deutschlands mit Handfeuerwaffen nach Oesterreich eine Behinderung erleiden, falls nicht das Reich dem Handel eine Unterstützung durch Einführung der amtlichen Prüfung für Handfeuerwaffen zu Theil werden läßt. Der Ausfuhrhandel Deutschlands (hauptsächlich von Suhl und Sömmerda) mit Jagd- und Luxusgewehren nach Oesterreich-Ungarn belief sich an Werth

im Jahre	1885	auf	383000	Mk.
„ „	1886	„	309000	„
„ „	1887	„	367000	„
„ „	1888	„	248000	„
„ „	1889	„	607000	„

Der vorliegende Gesetzentwurf beabsichtigt, der deutschen Export-Gewehrindustrie im Hinblick auf die in Belgien, England und Frankreich bestehenden und für Oesterreich bevorstehenden gesetzlichen Bestimmungen zu Hülfe zu kommen.

Aber auch abgesehen von dieser Rücksicht erscheint die wünschenswerthe Hebung der Gewehrindustrie dadurch bedingt, daß durch die behördliche Prüfung der Handfeuerwaffen dem inländischen wie dem ausländischen Käufer ausreichende Sicherheit für die Güte des Materials und die Herstellung der von ihm gekauften Waare geboten wird. Allgemein anerkannt wird, daß in den Ländern, in welchen die amtliche Prüfung der Handfeuerwaffen bereits besteht, die Gewehrindustrie dieser Einrichtung einen wesentlichen Aufschwung verdankt. Es darf die Hoffnung ausgesprochen werden, daß auch für die deutsche Schußwaffenfabrikation die Prüfung von guter Wirkung sein werde.

Daß nur durch die Einführung des Prüfungszwanges und die Erstreckung desselben auf alle Gattungen von Handfeuerwaffen dem Käufer die Sicherheit für die Güte der Waare geboten und somit ein umfassender Erfolg erzielt werden kann, liegt auf der Hand.

In der Vorschrift des Prüfungszwanges und der Ausdehnung desselben auf Handfeuerwaffen jeglicher Art folgt der Gesetzentwurf der belgischen, englischen und französischen Gesetzgebung und dem österreichischen Entwurf. Auch in wichtigen Einzelbestimmungen hat sich der Entwurf bei der Uebereinstimmung der Gesichtspunkte an die ausländische Gesetzgebung angeschlossen. So lehnen sich die in den Gesetzentwurf (§. 2) aufgenommenen Bestimmungen über die Art und die Zahl der Beschußproben, sowie über die Beschaffenheit der Waffen vor Vornahme der Beschußprobe dem englischen Reglement an.

Für die Behandlung der aus dem Auslande eingeführten Handschußwaffen ist der Grundsatz des englischen Gesetzes und des österreichischen Entwurfs insofern angenommen worden, als ausländische Prüfungszeichen nur dann anerkannt werden, wenn dieselben als den inländischen gleichwerthig zu erachten sind (§. 6 Nr. 2). Die inländische Gewehrindustrie kann nicht unter der Einfuhr von im Auslande unter leichteren Bedingungen geprüften Handschußwaffen leiden. Die Prüfung der Gleichwerthigkeit der ausländischen Prüfungszeichen soll durch den Bundesrath erfolgen.

Was die zu Kriegszwecken angefertigten Handfeuerwaffen anbetrifft, so ist die Vorschrift des französischen Gesetzes (Art. 26),[4]) nach welcher solche von dem eigenen Staat angefertigte und im Eigenthum desselben befindliche Waffen von der Prüfung befreit sind, in dem Entwurf dahin ausgedehnt, daß überhaupt alle von einer Militärverwaltung, auch einer fremdländischen, oder im Auftrage einer solchen hergestellten und geprüften Handfeuerwaffen von der Prüfung in einer öffentlichen Prüfungsanstalt befreit sein sollen (österreichischer Gesetzentwurf §. 7).[5]) Bezüglich dieser Waffen

---

[4]) Französisches Gesetz vom 22. April 1868.

Article 26.

Le present décret n'est pas applicable aux canons des armes de guerre fabriquées pour le compte du Gouvernement dans les manufactures impériales, les quels sont éprouvés au banc d'épreuve de ces établissements.

[5]) Oesterreichisches Gesetz vom 23. Juni 1891.

§ 7. Betreffs der für die Heeresbewaffnung im In- oder

beginnt ein Interesse für den Privatverkehr erst mit dem Augenblick, wo dieselben aus dem Eigenthum eines Staats in das Eigenthum einer Privatperson übergegangen sind.

Bei Anfertigung von Militär-Handfeuerwaffen, sei es in Staatswerkstätten, sei es auf Bestellung einer Militärverwaltung durch einen Privatunternehmer, findet von Seiten der einheimischen Regierung wie von Seiten auswärtiger Staaten regelmäßig nach besonderer Vorschrift der Militärverwaltungen eine strenge Prüfung statt. Mit Rücksicht auf diese Prüfung kann auch von einer Nachprüfung der Militärwaffen, wenn sie in den Privatverkehr gelangt sind, solange Abstand genommen werden, als nicht an denselben eine Veränderung des Kalibers oder des Verschlusses vorgenommen wird. In diesem Falle unterliegen dieselben der in dem §. 4 vorgeschriebenen besonderen Prüfung. Ist aber die Veränderung durch eine Militärverwaltung ausgeführt oder geprüft worden, so entfällt auch hier die Veranlassung zur Nachprüfung. Werden zu Kriegszwecken bestimmte Handfeuerwaffen durch einen Privatunternehmer nicht auf Bestellung, sondern auf Vorrath angefertigt, so sind dieselben nothwendig den allgemeinen Prüfungsvorschriften zu unterwerfen, da in diesem Falle die Vornahme und die Ueberwachung der Prüfung durch eine Militärverwaltung nicht stattfindet.

Auch noch in anderen Beziehungen hat dem Gesetzentwurf die ausländische Gesetzgebung zum Anhalt gedient,

---

Auslande bestimmten Handfeuerwaffen hat die Prüfung durch besondere Militairfachkommissionen mit der in Gemäßheit der Bestimmungen dieses Gesetzes vorgenommenen Erprobung gleiche Wirkung.

so in der Behandlung der bei der Prüfung für untauglich befundenen Waffen, in der Vorschrift einer besonderen Prüfung, nachdem wesentliche Abänderungen an der Waffe während oder nach der Herstellung derselben vorgenommen worden sind, in der Bestimmung der Einziehung einer feilgehaltenen oder in den Verkehr gebrachten, weder vorschriftsmäßig in einer amtlichen Prüfungsanstalt geprüften, noch von der Prüfung befreiten Handfeuerwaffe.

Gesetz,

betreffend die Prüfung der Läufe und Verschlüsse der Handfeuerwaffen.

Vom 19. Mai 1891.

(R.G.Bl. 1891 Nr. 15. S. 109—111.)

Wir Wilhelm, von Gottes Gnaden Deutscher Kaiser, König von Preußen ꝛc. verordnen im Namen des Reichs, nach erfolgter Zustimmung des Bundesraths und des Reichstags, was folgt:

§. 1.

Handfeuerwaffen jeder Art dürfen nur dann feilgehalten oder in den Verkehr gebracht werden, wenn ihre Läufe und Verschlüsse nach den Vorschriften dieses Gesetzes in amtlichen Prüfungsanstalten geprüft und mit Prüfungszeichen versehen sind.

Unter Handfeuerwaffen sind zu verstehen: von einer Person getragene und bediente Waffen, mittelst deren aus einem oder mehreren Läufen unter Anwendung eines Sprengstoffes Geschosse geschleudert werden.

Es sind jedoch im Sinne des Gesetzes unter Handfeuerwaffen nicht zu verstehen: Solche Waffen, Gewehre, Pistolen ꝛc., welche zu wissenschaftlichen Zwecken oder ihres Kunstwerthes wegen aufbewahrt werden, ohne zum praktischen Gebrauche zu dienen. Dieselben unterliegen daher keiner Prüfung und können unbeschränkt feil gehalten oder in den Verkehr gebracht werden. (Vgl. Begründung des Gesetz-Entwurfes. Reichtag 1. Session 1890, Druckschrift Nr. 154.)

Für alle Handfeuerwaffen, die zum praktischen Gebrauche dienen, schreibt dagegen das Gesetz die obligatorische Prüfung vor, von dem Augenblicke an, sobald dieselben feilgehalten oder in den Verkehr gebracht werden. Es ist demnach nur das Feilhalten oder in den Verkehr bringen, nicht aber der Besitz von ungeprüften Waffen unter das Gesetz gestellt und verboten.

Bei Gewerbetreibenden, die sich mit der Anfertigung oder dem Verkauf von Handfeuerwaffen beschäftigen, ist jedoch schon in dem Besitz von derartigen Waffen, wenn sie dieselben in ihren Geschäftslokalen, Läden, Magazinräumen, Werkstätten oder Fabrikräumen aufbewahren, ein Feilhalten zu erblicken, und bedarf es dazu nicht des wirklich geschehenen Verkaufes. Den gleichen Grundsatz verfolgen die Gesetzgebungen von England, Frankreich, Belgien und Oesterreich. In Belgien ist sogar der Direktor der staatlichen Probiranstalt berechtigt, jeder Zeit die Fabrikräume, Werkstätten, Magazine und Läden nach ungestempelten Waffen zu revidiren.

Fraglich erscheint es, ob einzelne ungeprüfte Waffen, wenn sie von Privatpersonen (nicht Händlern oder Büchsenmachern) zum Verkauf angeboten werden, einer Nachprüfung bedürfen. Das Gesetz spricht sich darüber nicht aus, doch dürfte in einem derartigen Verkaufe immerhin ein Feilhalten und in den Verkehr bringen erblickt werden können.

Schon bei der ersten Berathung des Gesetzentwurfes und ebenso bei der Commissionsberathung wurde der Antrag gestellt, statt der obligatorischen Prüfung überhaupt nur eine fakultative Prüfung anzuordnen. Nach Ablehnung dieser Anträge wurde ferner beantragt, wenigstens die Waffen, welche nach dem Auslande ausgeführt, und direkt an die Prüfungsanstalt des betreffenden Staates dirigirt würden, von der Prüfung auszuschließen. Es schloß sich dieser Antrag an die belgische Gesetzgebung an, welche in Artikel 13 des Gesetzes vom 24. Mai 1888 vorschreibt, daß diejenigen Waffen von der Prüfung befreit seien, welche von Belgien aus direct an eine offiziell anerkannte Prüfungsanstalt eines fremden Staates, um dort geprüft zu werden, adressirt werden.

Als auch dieser Antrag abgelehnt wurde, kehrte er in der 2. Berathung in abgeschwächter Form wieder. Es wurde beantragt, die obligatorische Prüfung auf Langfeuerwaffen (Gewehre) zu beschränken und die Kurzfeuerwaffen (Pistolen, Terzerole und Revolver) davon auszuschließen und im Falle der Ablehnung dieses Antrages dem §. 1 folgenden Zusatz zu geben:

„Nach dem Auslande auszuführende Kurzfeuerwaffen bedürfen der Prüfung nicht, wenn in dem betreffenden Staate ein Prüfungszwang nicht besteht."

Es bezog sich dieser letzte Antrag hauptsächlich auf die nach der Türkei, China und Egypten in großen Mengen ausgeführten sehr geringwerthigen Pistolen und Terzerole, deren überaus billiger Preis nicht eine so exakte Arbeit und gutes Material zulasse, wie sie zum Bestehen einer Prüfung nothwendig seien, auch nicht den Zuschlag einer Prüfungsgebühr vertragen würde.

Da auch diese beiden Anträge abgelehnt wurden, so unterliegen also *sämmtliche Handfeuerwaffen*, gleichgültig ob sie exportirt oder im Inlande vertrieben werden, den vorgeschriebenen Prüfungen.

Nach einer protokollarischen Auslassung der Regierungsvertreter bei Gelegenheit der Kommissionsberathung (vgl. Bericht der XIV. Commission, Reichstag 8. Legislatur-Periode, 1. Session 1890/91, Druckschrift Nr. 312) *bezieht sich der Prüfungszwang nicht auf einzelne Waffentheile*. Das Gesetz verlangt nur die Prüfung der Handfeuer-*Waffen* und legt also dem Vertieb *ungeprüfter* Waffen-*Theile* (Läufe, Basküle n2c.) keine Beschränkungen auf.

§. 2.

Die Prüfung besteht in einer Beschußprobe mit verstärkter Ladung.

Die Prüfung findet bei Terzerolen und Revolvern einmal statt. Auch bei anderen Handfeuerwaffen kann, wenn dieselben Würgebohrung nicht erhalten haben, die Prüfung auf Antrag des Einsenders auf eine einmalige Beschußprobe beschränkt werden. Im Uebrigen findet eine zweimalige Beschußprobe statt, die erste mit vorgerichteten Läufen, die zweite (Endprobe) nach Fertigstellung der Läufe einschließlich der Vereinigung bei Mehrläufen und der Anbringung der Verschlußstücke. Findet auf Antrag des Einsenders eine einmalige Prüfung statt, so ist dieselbe an den Waffen in dem sonst für die zweite Probe vorgeschriebenen Zustande vorzunehmen.

Läufe mit Würgebohrung sind solche, welche an der Mündung in ihrer Bohrung verengt sind und also dort ein geringeres Kaliber haben als in dem cylindrischen Theile des Laufinneren, welcher entweder vor dem Patronenlager oder in einiger Entfernung vor demselben (bei Läufen, welche mit Fall gebohrt sind) beginnt.

Das Kaliber der glatten Läufe mit Würgebohrung wird an einem 22 cm vom hinteren Ende der Läufe entfernten Punkte, bei allen anderen Läufen an der Mündung gemessen. Cfr. Nr. 10 der Ausführungsbestimmungen. Bei Handfeuerwaffen mit Würgebohrung ist unter allen Umständen eine zweimalige Prüfung erforderlich. Das Gesetz unterscheidet zwei Arten von Würgebohrung und schreibt in den Ausführungsbestimmungen für diese beiden Arten verschiedene Prüfungen vor. Ist die Verengung am vorderen Theile des Laufes glatt, so wird die erste und zweite Probe mit der für das Kaliber des weiteren Theiles des Laufes vorgeschriebenen Probirladung für glatte Läufe vorgenommen. (Cfr. Ziffer 3 d. A. B.) Ist dagegen der engere Theil der Bohrung ganz oder theilweise mit Zügen versehen, so sind derartige Läufe bei der Endprobe mit einem Bleigeschoß zu beschießen, welches im vorderen Drittel konisch zuläuft und dessen Gewicht das eineinhalbfache der Schrotladung der dem Laufkaliber entsprechenden vorschriftsmäßigen Patrone beträgt. Läufe mit Würgebohrung sind bei der Einsendung als solche schriftlich zu bezeichnen; wird dies unterlassen, so werden sie wie cylindrisch gebohrte Läufe behandelt, d. h. als solche probirt und durch die Stempelung bezeichnet. Cfr. Ziffer 9 d. A. B.

Sowohl die Probirladungen wie die vorschriftsmäßigen Ladungen der dem Laufkaliber entsprechenden Patrone ergeben sich aus den beigefügten Beschußtafeln (Beilage 1 und 2).

Ueber die Art und Weise der einmaligen Beschußprobe für Revolver und Terzerole cfr. Ziffer 1, 2 und 4 d. A. B. Wenn andere Waffen auf Antrag des Einsenders einer nur einmaligen Beschußprobe unterworfen werden sollen, in welchem Falle also die Läufe nicht vorher im vorgearbeiteten Zustande zur Prüfung eingesandt worden sind, so werden dieselben mit der vorgeschriebenen Probirladung der 1. Probe beschossen (cfr. Ziffer 5 d. A. B.) und geht daher der erheblich höhere Gasdruck, dem in diesem Falle der Verschluß und das ganze System ausgesetzt ist, auf das Risiko des Einsenders.

Die Beschußtafel giebt nur für die gebräuchlicheren Kaliber die Probir- und vorschriftsmäßigen Ladungen an und läßt beispielsweise bei den Läufen für ein Einzelgeschoß (Büchsen, Teschins, Pistolen) alle Kaliber unter 7,62 mm hinweg. Für derartige Waffen sowie für etwaige andere, bei denen die in den Beschußtafeln angegebenen vorschriftsmäßigen Ladungen an Pulver oder Blei unanwendbar oder ungeeignet sind, hat der Einsender die besondere, der Waffe entsprechende vorschriftsmäßige Ladung an Pulver und Blei schriftlich anzuzeigen, resp. die betreffenden Patronen einzusenden. Ueberhaupt sind die Einsender von basculirten Läufen (Läufe mit Verschlußeinrichtung oder fertige Waffen) verpflichtet, der Prüfungsanstalt auf Verlangen die mit der Zündvorrichtung versehenen Patronenhülsen und die dazu gehörigen Geschosse unentgeltlich zur Disposition zu stellen (cfr. Ziffer 4 und 14 d. A. B.).

Ueber den für die betreffenden Prüfungen erforderlichen Zustand der Läufe und Waffen giebt Ziffer 7, 8 und 9 d. A. B. Auskunft. Es ist danach gestattet, die zu Doppelflinten, Doppelbüchsen, Büchsflinten, Drillingen 2c. bestimmten Läufe sowohl einzeln als im zusammengefügten Zustande zur ersten Prüfung zu liefern, doch müssen sie im ersteren Falle äußerlich so weit bearbeitet (an den Flächen zusammengefeilt) sein, wie es zu ihrer demnächstigen Vereinigung erforderlich ist, da durch eine Schwächung ihrer Eisenstärken bei der Bearbeitung das Resultat der ersten Prüfung hinfällig werden würde.

In den A. B. ist das neue Gewehrpulver M. 71 als dasjenige Treibmittel bezeichnet, welches zu den Anschußproben verwendet werden wird. Da aber im Privatgebrauch vielfach erheblich kräftiger wirkende Pulversorten resp. solche von größerer Brisanz (Sprengwirkung) im Gebrauch sind, zu denen z. B. sämmtliche Nitropulver gehören, so ist es dem Einsender von zu probirenden Läufen gestattet, außer der vorgeschriebenen auch noch fernere Proben mit jedem anderen Treibmittel zu beantragen, cfr. Ziffer 11 d. A. B. Er hat zu diesem Zwecke die vorschriftsmäßige Ladung der Patrone mit dem bezeichneten Pulver schriftlich anzugeben und werden dann die Prüfungen damit nach dem in Ziffer 3 d. A. B. angegebenen Verhältnisse ausgeführt. Wenigstens sprechen sich die A. B. nicht im entgegengesetzten Sinne aus. Die in diesem Falle angewandte Ladung wird dann an der oberen Lauffläche oder an sonstiger geeigneter Stelle aufgeschlagen, cfr. d. A. B. Ziffer 19. So würde beispielsweise, wenn eine Prüfung von Läufen Kal. 16 mit Walsroder rauchschwachem Pulver verlangt würde und die vorschriftsmäßige Ladung hierfür 1,6 g Pulver und 30 g Blei, beträgt, bei der ersten Probe eine Ladung von 4,8 g Pulver und 60 g Schrot, und wenn eine solche Nachprüfung nur bei dem 2. Beschuß gefordert wird, eine solche von 3,2 g Pulver und 40 g Schrot zur Anwendung kommen. (Eine Gewaltprobe, der wohl mancher Lauf und mancher Verschluß zum Opfer fallen dürfte, da bei den Nitropulvern eine Ueberschreitung der vorschriftsmäßigen Ladung um 0,1 g schon zerstörende Wirkungen hervorbringen kann.) Es dürfte bei der immer mehr steigenden Verwendung der Nitropulver wohl bald der Erlaß besonderer Bestimmungen über die Prüfung der Läufe und Verschlüsse mit diesen Pulverarten zu erwarten sein, da sich die für Schwarzpulver anwendbaren Normen wohl kaum für die Nitropulver werden festhalten lassen.

§. 3.

Läufe oder Verschlußtheile, welche nach einer Beschußprobe ungauz oder aufgebaucht befunden werden, sind durch Einsägen oder Zerschlagen unbrauchbar zu machen.

Für Waffen, an deren Läufen oder Verschlüssen nach einer Beschußprobe andere Mängel vorgefunden werden, ist nach Beseitigung der letzteren eine einmalige Wiederholung der Beschußprobe zulässig. Läufe oder Verschlußtheile, welche nach der wiederholten Beschußprobe mangelhaft befunden werden, sind durch Einsägen oder Zerschlagen unbrauchbar zu machen.

In der Begründung zu § 3 des Gesetzes ist angegeben, daß die Behandlung der nach einer Beschußprobe für untauglich befundenen Waffen nach dem Vorgange der Ausführungsbestimmungen zu dem belgischen Gesetz Artikel 14 geregelt sei. Dieser Artikel lautet folgendermaßen:

— — iles (les contrôleurs) rendent irréparables celles, (les armes) qui sont défectueuses et dont les défauts graves pourraient être palliés; il marquent de la lettre R. celles qui sont jugées susceptibles de réparations et apposent leur poinçon particulier sur celles qu'ils jugent bonnes; ces dernières reçoivent ensuite le poinçon d'acceptation.

Das vorliegende Gesetz geht jedoch in sofern darüber hinaus, als es die Fehler, die ein Unbrauchbarmachen der Läufe oder Verschlußtheile bedingen, nicht völlig der Beurtheilung der Revisionsbeamten unterstellt, sondern als solche Unganzheit und Aufbauchungen ausdrücklich anführt.

Unter Aufbauchungen sind ringförmige oder halbringförmige Erweiterungen des Laufes zu verstehen, die einer ungleichmäßigen Beschaffenheit des Materials zugeschrieben werden. Eine Grenze, innerhalb welcher Aufbauchungen noch tolerirt werden könnten, ist nicht angegeben, es macht mithin jede sich ergebende Aufbauchung den Lauf verwerflich. Das Gesetz geht in dieser Beziehung noch über die Vorschriften des englischen Laufprüfungsgesetzes hinaus, welches als Grenze, bis zu welcher die Aufbauchungen tolerirt werden dürfen, 0,01″ engl. = 0,2 mm festsetzt, während in den französischen und belgischen Vorschriften die Aufbauchungen überhaupt nicht erwähnt sind. Auch die österreichischen Vorschriften führen Aufbauchungen nicht ausdrücklich als solche Fehler an, welche den betreffenden Lauf unbedingt verwerflich machen, sondern sprechen nur im § 5 von „wesentlichen Fehlern."

Sie setzen sogar in § 4 Abs. 4 fest, daß Läufe, welche nach bestandener 1. oder 2. Probe unganze Schweißstellen oder Brüche erkennen lassen, auf der Rohrprobirpumpe einem Drucke von 10 Atmosphären zu unterwerfen und erst dann unbrauchbar zu machen sind, wenn dabei ein Wasseraustritt erfolgt.

Zu der Vorschrift des Gesetzes, wonach eine nur einmalige Wiederholung der Prüfung gestattet sei bei dem Hervortreten von Fehlern, die nicht ein sofortiges Unbrauchbarmachen der betreffenden Waffentheile bedingten, war der Antrag gestellt worden, die Prüfung in dem Falle wiederholen zu dürfen, wenn bei der 2. Prüfung wieder andere Fehler hervortreten sollten. Hierzu wurde Seitens der Herren Regierungskommissare die Erklärung abgegeben:

Daß es nicht gegen das Gesetz verstoßen würde, eine abermalige Beschußprobe vorzunehmen, wenn nach der wiederholten Prüfung einer Waffe sich noch ein anderer Mangel an derselben ergeben sollte, welcher an sich eine sofortige Unbrauchbarmachung der Waffe nicht erheische.

§. 4.

Wird an einer bereits geprüften Waffe während oder nach der Herstellung in dem Kaliber oder an dem Verschlusse eine Veränderung vorgenommen, so ist eine erneute Prüfung erforderlich. Dieselbe richtet sich bei Waffen, welche der Regel nach einer zweimaligen Prüfung unterliegen, nach dem Stande der Herstellung, in welchem die Waffe sich befindet.

Ueber die Ausführung dieser Bestimmung giebt Ziffer 6 d. A. B. Auskunft.

Wird das Patronenlager verändert d. h., für ein weiteres Kaliber ausgebohrt, so kommt die für dieses Kaliber in der Beschußtafel für die Endprobe festgesetzte Probirladung selbst in dem Falle zur Anwendung, wenn das Kaliber des Laufes selbst unverändert geblieben ist.

Die Nachprüfung ist, wenn eine Veränderung am Kaliber oder Verschluß stattgefunden hat, nicht nur bei Waffen mit Schrotläufen, sondern ebenso bei solchen für den Kugelschuß erforderlich.

Nach der bei Vorlage des Gesetzes beigefügten Begründung wird als eine erhebliche Kaliberveränderung, welche eine Nachprüfung bedingt, das Einschneiden von Büchsenzügen nicht anzusehen sein. Bei der Berathung des Gesetzes war von den Regierungsvertretern in Aussicht gestellt, daß in den A. B. eine Grenze angegeben werden würde, bis zu welcher eine Kaliber-Veränderung zulässig sei, ohne daß eine Nachprüfung gefordert würde. Die A. B. enthalten jedoch hierüber keine Angabe, mithin macht also jegliche Kaliber-Veränderung die Nachprüfung nöthig. Ebenso wird diese bei dem Fehlen näherer Bestimmungen auch für jede Veränderung am Verschluß der Waffe, betreffe diese auch nur das Hebelarrangement, und nicht nur bei der Umänderung eines Vorderladers in einen Hinterlader, gefordert werden müssen.

Auch das österreichische Gesetz enthält über die zulässige Grenze der Kalibererweiterung keine Angaben. Es stellt in § 5 unter Strafe, wenn Handfeuerwaffen mit einem andern als dem auf der Waffe angegebenen Kaliber veräußert, versendet oder feilgehalten werden und schreibt in demselben Paragraphen eine erneute Prüfung auch für bereits im Gebrauch befindliche Gewehre in dem Falle vor, wenn bei einem solchen durch eine Reparatur eine Kalibererweiterung hervorgerufen wird. § 8 desselben Gesetzes setzt außerdem fest, daß bereits im Gebrauch gewesene Waffen nur in dem Falle einer Nachprüfung zu unterwerfen sind, wenn an ihnen nachträglich eine Kalibererweiterung vorgenommen wird oder sie vom Vorderlader zum Hinterlader umgestaltet werden.

Das englische Gesetz dagegen setzt die Grenze der zulässigen Kalibererweiterung auf 0,01 " engl. = 0,2 mm fest.

Das belgische Gesetz stellt in Art. 15 nur den Verkauf, das Feilhalten oder das Vorhandensein in Magazinen oder Werkstätten von Waffen mit einem von der bei der Prüfung aufgegeschlagenen Kaliberzahl abweichendem Kaliber unter Strafe, ohne eine Grenze zu bestimmen.

§. 5.

Bis zu dem Zeitpunkte, mit welchem dieses Gesetz seinem ganzen Umfange nach in Kraft tritt, sind Handfeuerwaffen auf Antrag der Einsender durch die Ortspolizeibehörde oder eine andere von der Landes-Zentralbehörde zu bezeichnende Behörde mit einem Vorrathszeichen, welches durch den Bundesrath bestimmt werden wird, zu versehen.

Durch das Schlagen des Vorraths-Zeichens sollen nur diejenigen Waffen gekennzeichnet werden, welche bereits vor Erlaß des Gesetzes vorhanden waren. Die mit der Stempelung beauftragte Behörde tritt daher nicht in eine Prüfung der Beschaffenheit der zu stempelnden Waffen ein, sondern bezeichnet sie durch die Stempelung nur als solche, die nach Inkrafttreten des Gesetzes, ohne die vorgeschriebenen Prüfungen bestanden zu haben, feil gehalten und in den Verkehr gebracht werden dürfen, cfr. Ziffer 22 A. B. Nach § 6 wird bei den mit dem Vorrathszeichen versehenen Waffen eine Nachprüfung erforderlich, wenn an ihnen eine Veränderung des Kalibers oder des Verschlusses vorgenommen wird.

Das Oesterreichische Gesetz geht hierin weiter und verordnet, daß die bei Inkrafttreten des Laufprüfungsgesetzes im Besitze der Erzeuger oder Händler von Feuerwaffen befindlichen Vorräthe binnen Jahresfrist einer amtlichen Untersuchung und Stempelung zu unterziehen sind. Diese Untersuchung soll sich in der Regel auf eine Beschau der Feuerwaffe beschränken und nur im Erfordernißfalle in einer Beschußprobe bestehen.

§. 6.

Auf Handfeuerwaffen,

1. welche mit dem Vorrathszeichen versehen sind,
2. welche aus dem Auslande eingeführt und mit den vollständigen, den inländischen gleichwerthigen Prüfungszeichen eines auswärtigen Staates versehen sind,
3. welche durch eine Militär-Verwaltung oder im Auftrage einer solchen hergestellt oder geprüft worden sind,

finden die Vorschriften dieses Gesetzes so lange keine Anwendung, als an den Waffen keine Veränderung des Kalibers oder des Verschlusses vorgenommen wird. Wird eine solche Veränderung vorgenommen, so bedürfen Waffen dieser Art der im §. 4 vorgeschriebenen Prüfung, die unter 3 bezeichneten jedoch nur dann, wenn die Veränderung nicht durch eine Militär-Verwaltung ausgeführt oder geprüft worden ist.

Der Bundesrath bestimmt, welche Prüfungszeichen eines auswärtigen Staates als den inländischen gleichwerthig anzuerkennen sind.

Ad 1. vgl. Anmerkung zum § 5.

Ad 2. Die aus dem Auslande eingeführten und daselbst in staatlich anerkannten Probiranstalten geprüften Waffen genießen nur dann eine Befreiung von den durch das Gesetz vorgeschriebenen Prüfungen, wenn die betreffenden Prüfungsanstalten durch den Bundesrath als gleichwerthig mit der inländischen anerkannt sind. Die Bestimmung des Bundesrathes, welche ausländischen Prüfungsanstalten als gleichwerthig anzuerkennen sind, steht gegenwärtig noch aus.

Es ist hiermit für die Behandlung der aus dem Auslande eingeführten Schußwaffen der Grundsatz des englischen und des österreichischen Gesetzes in sofern angenommen worden, als ausländische Prüfungszeichen nur dann anerkannt werden, wenn dieselben als den inländischen gleichwerthig zu erachten sind.

Das englische Gesetz schreibt in dieser Beziehung in Artikel 129—137 der Gun Barrel Proof Act vor, daß nur die aus dem Auslande eingeführten Waffen vom Prüfungszwange befreit sind, welche die Stempel einer staatlichen Probiranstalt tragen, die in die Register einer der beiden Büchsenmacher-Innungen von London oder Birmingham eingetragen sind. Diese Bestimmung ist jedoch noch in Art. 132 in der Weise beschränkt, daß derartige Läufe oder Waffen nicht die Firma oder das Fabrikzeichen eines englischen Fabrikanten oder Händlers tragen dürfen, ist dies der Fall, so werden die ausländischen Prüfungsstempel nicht als gültig angesehen.

In gleicher Weise bestimmt das österreichische Gesetz in § 1 Absatz 2, daß alle eingeführten Handfeuerwaffen dem Prüfungszwange unterliegen, wofern sie nicht mit den inländischen gleich zu achtenden fremdländischen Probirzeichen versehen sind. Welche Stempel fremdländischer Probir-Anstalten den inländischen gleich gehalten werden, wird im Verordnungswege festgestellt, was bis jetzt auch noch nicht geschehen ist.

Die Vorschriften der belgischen und französischen Gesetzgebung sind in dieser Beziehung weniger streng. Im belgischen Gesetz wird in Artikel 11 verordnet, daß die eingeführten Waffen, welche den Stempel der staatlichen Probiranstalt ihres Erzeugungslandes tragen, bedingungslos von der Prüfung befreit sind. Die Prüfung der Gesetzmäßigkeit des betreffenden Stempels liegt dem Besitzer der betreffenden Waffen ob. Er macht sich also eines Verstoßes gegen das Gesetz schuldig, wenn er, etwa im guten Glauben, Waffen einführt und nicht zur Prüfung stellt, welche nicht den richtigen Stempel der Prüfungsanstalt ihres Erzeugungslandes tragen.

Auch das französische Gesetz vom 22. April 1868 macht die Befreiung von der Prüfung bei eingeführten Waffen nicht von der anerkannten Gleichwerthigkeit des fremden Prüfungsstempels abhängig, sondern setzt in § 1 Absatz 2 fest, daß alle aus dem Auslande eingeführten Waffen der Prüfung nicht unterliegen, wenn sie den Stempel der staatlichen Probiranstalt ihres Ursprungslandes tragen.

Ad 3. Die von einer Militär-Verwaltung oder im Auftrage einer solchen hergestellten Waffen sind von der amtlichen Prüfung befreit, da die Militärbehörde in diesem Falle durch ihre Organe für eine genügende Prüfung sorgt. Stellt dagegen ein Fabrikant auf Vorrath Militär-Gewehre her, so fallen dieselben lediglich unter die Vorschriften des Gesetzes, da sie in diesem Falle nicht unter Kontrole der Militärbehörde fabrizirt und geprüft sind. Den gleichen Grundsatz verfolgt die österreichische Gesetzgebung und setzt in § 7 fest, daß bei den für die Heeresbewaffnung im In- und Auslande bestimmten Handfeuerwaffen die Prüfung durch besondere Militärkommissionen mit der in Gemäßheit der Bestimmungen dieses Gesetzes vorgenommenen Erprobung gleiche Wirkung hat.

Frankreich dagegen befreit nur die für Rechnung des eigenen Staates in den Staatsfabriken hergestellten Waffen von der amtlichen Prüfung. (Vgl. Art. 26.)

Die belgischen Vorschriften sind in dieser Beziehung leichter. Es werden nach Art. 12 nicht nur die im Auftrage und unter Kontrole einer Militärbehörde im Auslande hergestellten Waffen von der amtlichen Prüfung ausgenommen, sondern auch die nicht gestempelten, wenn sie zum Zwecke des Exportes in Belgien eingeführt werden, sei es, daß sie im ursprünglichen Zustande verbleiben oder einer, nicht die Haltbarkeit der Läufe oder Verschlüsse beeinflussenden Veränderung unterworfen werden.

Bezüglich der von Belgien auszuführenden neuen, ungeprüften Militärwaffen vgl. Anmerkungen zu § 1.

England setzt bezüglich der Militärwaffen keine Ausnahmebestimmungen fest.

Nach der Schlußbestimmung des § 6 sind die unter 1—3 aufgeführten Waffen nur dann von der Nachprüfung befreit, wenn an ihnen keine Veränderung des Kalibers oder des Verschlusses vorgenommen wird und unterscheidet sich hierin das deutsche von dem belgischen Gesetz, welches das Erforderniß der Nachprüfung nur von einer die Haltbarkeit des Laufes oder des Verschlusses beeinflussenden Veränderung abhängig macht.

Oesterreich setzt in § 8 etwas ähnliches fest und verordnet, daß Handfeuerwaffen, welche beim Eintritt des Gesetzes bereits in Gebrauch gestanden haben, den Bestimmungen des Gesetzes nur in dem Falle unterliegen, wenn nachträglich eine Kaliber-Veränderung vorgenommen oder die Umgestaltung eines Vorderlade- in ein Hinterlade-Gewehr ausgeführt wird.

Die unter 3 aufgeführten Waffen unterliegen folgerichtig im Falle einer Umänderung nur dann dem Prüfungsgesetz, wenn diese Umänderung nicht im Auftrage und unter Kontrole einer Militärverwaltung ausgeführt wird.

§. 7.

Die näheren Bestimmungen über das Verfahren bei der Prüfung, über das Gewicht und die Beschaffenheit des bei der Beschußprobe zu verwendenden Pulvers und Bleies, sowie über die Form und das Schlagen der Prüfungszeichnen werden durch den Bundesrath erlassen.

Bezüglich des Verfahrens bei der Prüfung, cfr. A. B., Ziffer 1—14, der anzuwendenden Probirladungen cfr. Beschußtafel 1—2, der zu schlagenden Prüfungsstempel A. B., Ziffer 15—21.

Im Auslande werden die verschiedenen Prüfungen durch folgende Stempel bezeichnet.

Belgien. Stempel Nr. 1 (die verschlungenen Buchstaben E. und L.)  provisorischer Stempel, wird den Läufen, die vorher ihre Kalibernummer in Zehntel Millimetern erhalten haben, nach der ersten Probe aufgeschlagen.

Stempel Nr. 2 (le Perron de Liège) wird den zu mehrläufigen Waffen bestimmten Läufen nach ihrer Vereinigung aufgeschlagen, ebenso den zu Perkussions-Gewehren bestimmten Läufen nach ihrer Systemirung, sowie allen Waffen jeglichen

Systems, welche nach der ersten Probe irgendwelche Veränderungen erlitten haben. Hiervon sind nur ausgenommen die Läufe von einläufigen Flinten, einläufigen Pistolen und Revolvern, welche nur eine Probe zu bestehen haben und daher nur den Stempel Nr. 3 (außer der Kaliberbezeichnung) erhalten.

Stempel Nr. 3 (die Buchstaben E L G)  ist der Stempel der definitiven Abnahme.

In Frankreich existirt nur der Stempel der definitiven Abnahme, außerdem erhalten die geprüften Läufe die Kaliber-Bezeichnung.

England unterscheidet zwei Arten von Stempeln, die des Londoner (The Gunmakers Company) und des Birminghamer (The Guardians of the Birmingham Proof House) Probirhauses und 5 Arten von Waffen, die verschiedenen Proben und daher verschiedener Stempelung unterliegen.

Nr. 1, die verschlungenen Buchstaben G. P.  und

Nr. 2, die verschlungenen Buchstaben V. G. P. 

beide gekrönt von einem springenden Löwen, sind die Stempel des Londoner Probirhauses für die provisorische Prüfung

Nr. 3, die verschlungenen Buchstaben B. P.  und

Nr. 4, die verschlungenen Buchstaben V. B. P. 

beide mit darüber befindlicher Krone, die Stempel für die provisorische Prüfung des Birminghamer Probirhauses.

Die Stempel für die definitive Prüfung sind bei dem Londoner Probirhause

Nr. 5, die verschlungenen Buchstaben G. P.  und

Nr. 6, der Buchstabe V., 

beide mit darüber befindlicher Krone und bei dem Birminghamer Probirhause

Nr. 7, zwei gekreuzte Scepter, in den Winkeln die Buchstaben B. C. P. nnd die Krone 

und

Nr. 8, zwei gekreuzte Scepter, in dem oberen Winkel die Krone und in dem unteren der Buchstabe V. 

In Oesterreich werden Probiranstalten in Wien, Prag, Weipert und Ferlach errichtet und wird beabsichtigt, in Wien bei der 1. Probe einen Stempel mit den Buchstaben E. und V., bei der 2. Probe das Stadtwappen von Wien und bei der 3. Probe den kaiserlichen Adler mit dem Buchstaben V. im Brustschilde zu schlagen. Für die Probiranstalten in Prag, Weipert und Ferlach sind bei sonst gleichen Zeichen die Buchstaben P., W. und F. bestimmt.

Die Kaliber werden in zehntel Millimeter am Pulversack aufgeschlagen.

Konisch gebohrte oder mit Würgebohrung versehene Läufe erhalten am Pulversack die Bezeichnung „Nicht für Kugel".

§. 8.

Die Errichtung der Prüfungsanstalten erfolgt durch die Landesregierungen. Für die Prüfung können Gebühren erhoben werden. Dieselben dürfen die Kosten der Prüfung nicht übersteigen.

Die Errichtung der Prüfungsanstalten ist entsprechend dem im Reiche befolgten Grundsatz, daß gewerbepolizeiliche Bestimmungen durch die Landesregierungen ausgeführt werden, den letzteren übertragen. Ebenso ist es durch das Gesetz den Landesregierungen anheimgestellt, ob sie dem mit der Leitung des Prüfungsverfahrens beauftragten Staatsbeamten einen Beirath aus der Zahl der betreffenden Industriellen zur Seite stellen wollen. Nach einer Auslassung der Regierungs-Vertreter bei den Kommissionsberathungen würde auch gegen eine Wahl von Vertretern der Industriellen, welche für sie mit den Prüfungsanstalten zu verkehren hätten, nichts einzuwenden sein.

Der bei der zweiten Berathung des Gesetzes eingebrachte Antrag, vorzuschreiben, daß überall da eine Prüfungsanstalt errichtet werden müsse, wo über 50 Arbeiter und Kleingewerbetreibende in der Handfeuerwaffen-Branche beschäftigt seien, wurde abgelehnt, da bei dem Zusammendrängen dieses Industriezweiges in bestimmte Bezirke dann oft die Prüfungsanstalten ganz nahe aneinander liegen und daher unverhältnißmäßig hohe Kosten erwachsen würden.

In der Kommissionsberathung wurde durch die Regierungs-Vertreter erklärt, daß die Waffen in jeder beliebigen Anstalt in Deutschland geprüft werden könnten, so daß es nicht erforderlich sei, die Landesanstalten zu benutzen.

Die Höhe der Gebühren soll möglichst gering bemessen werden und nur die Verwaltungskosten decken.

§ 9.

Mit Geldstrafe bis zu eintausend Mark oder mit Gefängniß bis zu sechs Monaten wird bestraft:

wer Handfeuerwaffen feil hält oder in den Verkehr bringt, deren Läufe oder Verschlüsse nicht mit den vorgeschriebenen oder zugelassenen (§. 6) Prüfungszeichen versehen sind.

Neben der verwirkten Strafe ist auf die Einziehung der vorschriftswidrig feilgehaltenen oder in den Verkehr gebrachten Waffen zu erkennen, ohne Unterschied, ob sie dem Verurtheilten gehören oder nicht.

Ist die Verfolgung oder Verurtheilung einer bestimmten Person nicht ausführbar, so kann die im vorstehenden Absatz bezeichnete Maßnahme selbständig erkannt werden.

Die Hinzufügung des letzten Absatz dieses Paragraphen ist die einzige Veränderung des ursprünglichen Gesetzentwurfes, die Seitens der Kommission dem Plenum des Reichstages vorgeschlagen und von diesem angenommen wurde. Es hat hierzu die Erwägung geführt, daß es nach Analogie des § 7 des Vogelschutz-Gesetzes doch erforderlich sei, die Handfeuerwaffen, welche den Gegenstand des Vergehens bildeten, einzuziehen, auch wenn der betreffende Anklagte nicht habhaft zu machen sei, und daher ein Strafurtheil nicht gegen denselben erlassen werden könne.

Bezüglich der vorgeschriebenen und zugelassenen Prüfungszeichen vgl. § 5, § 6, § 7 und Anmerkungen dazu resp. die Ausführungsbestimmungen Ziffer 15—21.

§. 10.

Der §. 8 tritt mit dem Tage der Verkündigung dieses Gesetzes in Kraft.

Im Uebrigen wird der Zeitpunkt, mit welchem das Gesetz in Kraft tritt, mit Zustimmung des Bundesraths durch Kaiserliche Verordnung bestimmt.

Urkundlich unter Höchsteigenhändiger Unterschrift und beigedrucktem Kaiserlichen Insiegel

Gegeben Schlobitten, den 19. Mai 1891.

(L. S.) Wilhelm.

von Boetticher.

Die Errichtung der Prüfungsanstalten durch die Landesbehörden (§. 8) beruht mit dem Tage der Verkündigung dieses Gesetzes auf gesetzlicher Grundlage. Dagegen kann das Gesetz in seinen übrigen Paragraphen erst von dem Zeitpunkte an im vollen Umfange in Kraft gesetzt werden, wenn Prüfungsanstalten in der erforderlichen Anzahl durch die Landesregierungen errichtet sein werden. Es ist anzunehmen, daß dies mit Ende des Jahres 1892 der Fall sein, und daß das ganze Gesetz daher am 1. Januar 1893 in Kraft treten wird.

Ausführungsbestimmungen.

Bekanntmachung, betreffend die Ausführung des Gesetzes über die Prüfung der Läufe und Verschlüsse der Handfeuerwaffen vom 19. Mai 1891. Vom 22. Juni 1892.

(R.G.Bl. 1892 Nr. 33 S. 674.)

Auf Grund des §. 7 des Gesetzes, betreffend die Prüfung der Läufe und Verschlüsse der Handfeuerwaffen, vom 19. Mai 1891 (Reichs-Gesetzbl. S. 109) hat der Bundesrath über das Verfahren bei der Prüfung, über das Gewicht und die Beschaffenheit des bei der Beschußprobe zu verwendenden Pulvers und Bleies, sowie über die Form und das Schlagen der Prüfungszeichen nachstehende Bestimmungen erlassen:

A. Prüfungsbestimmungen.

Ladung.

1. Die einmalige Beschußprobe der Revolver aus jedem Patronenlager der Walze erfolgt mit der zugehörigen Gebrauchspatrone, deren Pulverladung soweit verstärkt worden ist, als es die Länge der Patronenlager (Walze) gestattet.
2. Bei der einmaligen Beschußprobe der Läufe von Terzerolen und deren Verschlüssen beträgt die Pulverladung das Eineinhalbfache der dem Kaliber dieser

Waffen entsprechenden vorschriftsmäßigen Pulverladung (vergleiche Ziffer 4). Die Bleiladung besteht aus dem Gebrauchsgeschoß.

3. Bei Waffen, für welche das Gesetz (§. 2) eine zweimalige Probe vorsieht, beträgt die Pulverladung bei der ersten Probe das Dreifache, bei der Endprobe das Doppelte der Pulverladung der dem Laufkaliber entsprechenden vorschriftsmäßigen Patrone (vergleiche Ziffer 4). Die Bleiladung besteht, wenn die Läufe für Schrotladung bestimmt sind, aus einer Schrotladung, deren Gewicht für die erste Probe das Doppelte, für die Endprobe das Eineindrittelfache der Schrotladung der dem Laufkaliber entsprechenden vorschriftsmäßigen Patrone beträgt. Läufe mit Würgebohrung jedoch, welche in dem engeren Theil ihrer Bohrung ganz oder zum Theil gezogen sind, sind bei der Endprobe mit einem Bleigeschoß zu beschießen, welches im vorderen Drittel konisch zuläuft und dessen Gewicht das Eineinhalbfache der Schrotladung der dem Laufkaliber entsprechenden vorschriftsmäßigen Patrone beträgt. Bei Läufen, welche für ein Einzelgeschoß bestimmt sind, besteht die Bleiladung aus einem Cylinder, dessen Gewicht für beide Proben das Eineindrittelfache des Geschosses der dem Laufkaliber entsprechenden vorschriftsmäßigen Patrone beträgt.

4. Die vorschriftsmäßigen Ladungen an Pulver und Blei (Ziffer 2 und 3) sowie die Probeladungen ergeben sich für die einzelnen Kaliber aus den beigegebenen Beschußtafeln.

Die Gebrauchspatrone für Revolver (Ziffer 1) sowie das Gebrauchsgeschoß für Terzerole (Ziffer 2) hat der Einsender schriftlich anzugeben.

Wenn für andere Waffen die in den Beschußtafeln angegebenen vorschriftsmäßigen Ladungen an Pulver oder Blei unanwendbar oder ungeeignet sind, so hat der Einsender auch für solche Waffen die besondere, der Waffe entsprechende (vorschriftsmäßige) Ladung an Pulver und Blei schriftlich anzugeben.

5. Sollen Läufe, welche Würgebohrung nicht haben und weder für Revolver noch für Terzerole bestimmt sind, auf Antrag der Einsender nur einer einzigen Beschußprobe unterworfen werden, so findet für diese Beschußprobe die für das betreffende Kaliber passende Ladung der ersten Beschußprobe Anwendung.

Veränderungen.

6. Waffen, welche nach der Prüfung im Kaliber, an den Verschlüssen oder in den Patronenlagern eine Veränderung erfahren haben, unterliegen einer erneuten Beschußprobe. Dieselbe erfolgt vorbehaltlich der Bestimmung im Absatz 2 mit der unter Ziffer 3 für die Endprobe vorgeschriebenen Ladung. Bei einer Veränderung im Patronenlager ist jedoch die dem Kaliber des letzteren entsprechende Ladung zu Grunde zu legen.

Bei Revolvern und Terzerolen ist die für die einmalige Beschußprobe festgesetzte Ladung anzuwenden.

Zustand der Läufe vor den Beschußproben.

7. Als zur ersten Beschußprobe geeignet sind die Läufe, welche einer zweimaligen Prüfung unterliegen, nur

dann anzusehen, wenn sie innen glatt gebohrt und äußerlich ausschließlich etwaiger Gewinde soweit fertig bearbeitet sind, wie es zum Anpassen der Verschlüsse, Verschlußeinrichtungen oder Patentschwanzschrauben erforderlich ist. Mehrläufe müssen zur Vereinigung fertiggestellt sein, können auch bereits vereinigt sein.

Die Läufe müssen ferner mit einer Probeschwanzschraube (Mutze) verschlossen sein, welche ein mindestens 1 cm langes Gewinde und einen gebohrten Zündkanal von nicht über 1,6 mm Durchmesser besitzt.

8. Vor der End- beziehungsweise einzigen Beschußprobe müssen die einfachen und Mehrläufe im Innern gut polirt beziehungsweise gezogen und völlig rein, auch äußerlich bis zum Anbringen der Deckungsmittel (Färbung) fertiggestellt, Mehrläufe mit den Verbindungsschienen gut verlöthet sein.

Die Läufe für Perkussionsgewehre müssen außerdem mit der zugehörigen fertig gefeilten Schwanzschraube und dem zugehörigen Zündkegel versehen, die Schraubengewinde rein und voll eingeschnitten sein.

An den Läufen für Hinterladerwaffen sollen die Verschlüsse und Verschlußeinrichtungen in vollkommen fertig gefeiltem Zustande angebracht sein. Die Läufe für Revolver sollen außerdem mit der vollständigen Drehvorrichtung und mit der dazu gehörigen fertig gedrehten und gefeilten Patronenlagerwalze versehen sein.

9. Läufe mit Würgebohrung sind von dem Einsender als solche schriftlich zu benennen, andernfalls werden dieselben als cylindrisch gebohrte Läufe probirt und gestempelt werden. Bei Einsendung aller Läufe zur

ersten Beschußprobe ist von dem Einsender schriftlich anzugeben, ob die Läufe für Schrotladung oder für ein Einzelgeschoß bestimmt sind.

Kaliber.

10. Das Kaliber der glatten Läufe mit Würgebohrung wird an einem 22 cm vom hinteren Ende der Läufe entfernten Punkt, bei allen anderen Läufen an der Mündung gemessen.

Pulver.

11. Das zu den vorgeschriebenen Beschußproben zu verwendende Pulver ist das „neue Gewehrpulver M/71". Auf schriftlichen Antrag derjenigen Personen, welche die Läufe zur Beschußprobe einsenden, sollen indessen außer und nach den vorgeschriebenen Proben auch noch fernere Proben mit jeder anderen Pulversorte vorgenommen werden, welche die Einsender der Läufe in dem bezüglichen Gesuch bezeichnen. Die dem bezeichneten Pulver entsprechende vorschriftsmäßige Ladung ist hierbei von den Einsendern schriftlich anzugeben.

Blei.

12. Bei den Proben ist Weichschrot im Durchmesser von $2,_5$ mm anzuwenden, die Bleicylinder aber sollen aus Weichblei (spezifisches Gewicht ungefähr $11,_{35}$) gefertigt und im Durchmesser ungefähr $0,_2$ mm schwächer gehalten sein, als das bezügliche Laufkaliber.

Pfropfen.

13. Die zwischen Pulver und Geschoß beziehungsweise Schrot und auf letztere beiden zu setzenden Pfropfen sind aus festem Filz zu fertigen, müssen bezüglich

ihres Durchmessers dem Laufkaliber entsprechen und dürfen in ihrer Höhe *eine* Kaliberlänge nicht überschreiten.

Patronenhülsen und Gebrauchsgeschosse.

14. Die Einsender von Läufen mit Verschlüssen sind verpflichtet, der Prüfungsanstalt auf ihr Verlangen die zum Beschuß erforderlichen Patronenhülsen mit eingesetzter Zündeinrichtung (Zündhütchen, Zündplättchen rc.), sowie die Geschosse der betreffenden Gebrauchspatrone unentgeltlich zur Verfügung zu stellen.

Prüfungszeichen.

15. Nach den einzelnen Beschußproben sind folgende Prüfungszeichen zu schlagen:

a) für die einmalige Beschußprobe von Revolvern und Terzerolen

als *Beschußstempel*

die Reichskrone (),

als *Untersuchungsstempel*

der Buchstabe *U* mit der Reichskrone darüber ();

b) bei Waffen, welche einer zweimaligen Beschußprobe unterliegen,

1. für die erste Probe der Reichsadler 

2. für die Endprobe der Reichsadler und der unter a aufgeführte Untersuchungsstempel,

c) bei Waffen, welche auf besonderen Antrag der Einsender einer einzigen Beschußprobe im Zustande für die Endprobe mit der dem betreffenden Kaliber entsprechenden Ladung der ersten Beschußprobe unterworfen worden sind,

als Beschußstempel

der Buchstabe *B* mit der Reichskrone darüber ,

als Untersuchungsstempel

der Buchstabe *U* mit der Reichskrone darüber ,

d) bei Waffen, welche nach Ziffer 6 einer erneuten Prüfung unterzogen worden sind, außer dem bereits geschlagenen Prüfungszeichen

als Beschußstempel

der Buchstabe *R* mit der Reichskrone darüber ,

als Untersuchungsstempel

der Buchstabe *U* mit der Reichskrone darüber ,

16. Das Prüfungszeichen zu 15b 1 wird auf den runden Theil der Läufe nahe dem hinteren Ende vor den ebenen Flächen und, wenn solche nicht vorhanden, an entsprechender Stelle, und rechts neben diesen Stempel

a) bei Läufen für Schrotschuß der Buchstabe *S* mit der Reichskrone darüber , oder, sofern die Läufe mit Würgebohrung versehen sind, der Buchstabe *W* mit der Reichskrone darüber ,

b) bei Läufen für ein Einzelgeschoß der Buchstabe *G* mit der Reichskrone darüber ,

geschlagen.

Die Prüfungszeichen zu 15a, 15b 2 und 15c sind auf der unteren, die Prüfungszeichen zu 15d auf der oberen Lauffläche, und wenn solche nicht vorhanden, an entsprechender Stelle — und zwar der Untersuchungsstempel hinter dem Beschußstempel — zu schlagen.

Sind Läufe mit Würgebohrung nach der ersten Prüfung in dem engeren Theil der Bohrung ganz oder zum Theil gezogen worden, so sind rechts neben den Beschußstempel für die Endprobe die Buchstaben *SW* in einem Schriftzug mit der Reichskrone darüber zu schlagen .

Sind bereits geprüfte Läufe später mit Würgebohrung versehen worden, so erhalten dieselben bei der erneuten Prüfung (Ziffer 6), wenn die Würgebohrung eine glatte ist, den Buchstaben *W* mit der Reichskrone darüber , wenn die Läufe aber in dem engeren Theil der Bohrung ganz oder zum Theil gezogen worden sind, den in dem vorhergehenden Absatz bezeichneten Stempel *SW* mit der Reichskrone darüber

, neben den Beschußstempel zu Ziffer 15 d.

17. Auf alle Läufe ist nach der zweiten oder einmaligen Beschußprobe die Kalibergröße (Nr.) des Laufs aufzuschlagen, und zwar hinter dem Untersuchungsstempel. Rechts neben die Bezeichnung des Laufkalibers ist außerdem zu schlagen:

    1. bei Läufen für ein Einzelgeschoß mit stärkerer Ladung als die gewöhnliche (für sogenannte Expreßbüchsen) der Buchstabe *E* mit der Reichskrone darüber ;

    2. bei Läufen von Hinterladerwaffen für Schrotschuß eine die Kalibergröße (Nr.) des Patronenlagers bezeichnende, in einem Kreis eingeschlossene Ziffer, z. B. ⑫.

18. Auf Terzerole ist das Gebrauchsgeschoß und die dem Kaliber der Waffe entsprechende vorschriftsmäßige Pulverladung (Ziffer 2), auf solche Waffen, für welche an Stelle der in den Beschußtafeln aufgeführten für sie unanwendbaren oder ungeeigneten vorschriftsmäßigen Ladungen eine besondere Ladung den Beschußproben zu Grunde gelegt worden ist (Ziffer 4 Absatz 3), ist diese besondere Ladung auf die obere Lauffläche oder, wenn solche nicht vorhanden, an entsprechender Stelle aufzuschlagen, z. B.

$$\frac{12\ gr\ \text{N. G. P.}\ ^{M}/_{71}}{60\ gr\ \text{Bl.}}$$

19. Sind nach den vorgeschriebenen Beschußproben mit *N. G. P. M/71* auf Antrag der Einsender Läufe mit noch einer anderen Pulversorte probirt worden (Ziffer 11), so ist auch die dieser Pulversorte entsprechende Ladung auf die obere Lauffläche oder, wenn solche nicht vorhanden, an entsprechender Stelle aufzuschlagen und zwar gegebenenfalls neben die in Ziffer 18 vorgeschriebene Ladungsangabe, z. B.

$$\frac{12\ gr\ \text{Sch. P.}}{70\ gr\ \text{Bl.}}$$

20. Bei Läufen, welche eine Schwanzschraube oder einen Hinterladerverschluß, Verschlußgehäuse, Verschlußblock oder Verschlußkammer haben, mit welchen die Läufe verbunden oder verschlossen sind, soll der Beschußstempel und der Untersuchungsstempel, den die betreffenden Läufe für die einmalige oder die zweite Beschußprobe erhalten haben, auch auf den Schwanzschrauben, Hinterladerverschlüssen, Verschlußgehäusen, Verschlußblöcken, Verschlußkammern und bei Revolvern auf den Patronenlagerwalzen aufgeschlagen werden.

21. In einigen Beispielen sei die Art der Stempelung der Läufe dargestellt:

1. auf Läufe für Schrotschuß, welche mit Würgebohrung versehen und in dem engeren Theil ihrer Bohrung ganz oder zum Theil gezogen sind,

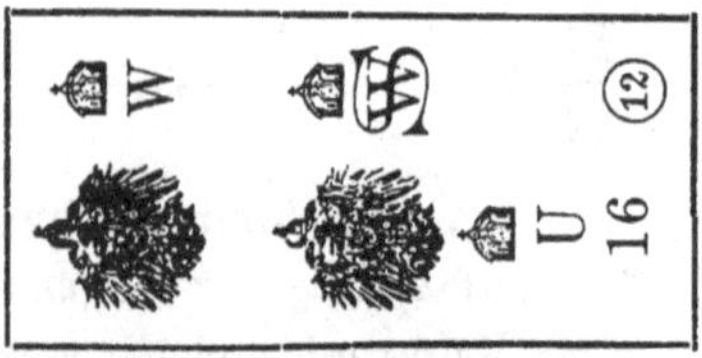

2. auf Läufe für ein Einzelgeschoß mit stärkerer Ladung (Expreßbüchsen) nach zweimaligen Beschuß,

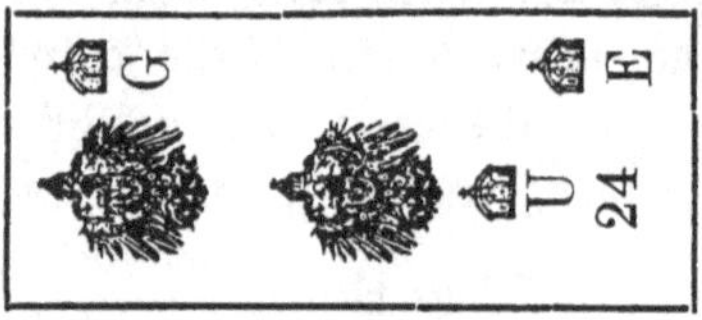

3. an Läufen, welche auf Antrag der Einsender nur einem einzigen Beschuß im fertigen Zustande mit der dem Kaliber entsprechenden Ladung für den ersten Beschuß unterzogen worden sind.

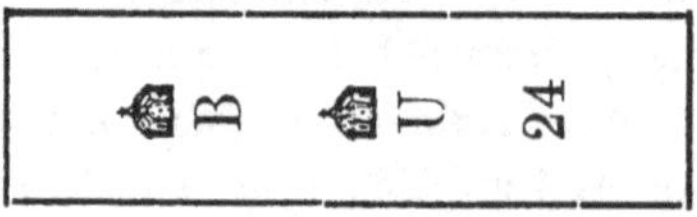

B. Vorrathszeichen.

22. Als Vorrathszeichen (§. 5 des Gesetzes) ist ein *V* mit der Reichskrone darüber V auf der oberen Lauffläche oder, wenn solche nicht vorhanden, an entsprechender Stelle, außerdem aber auch auf den unter Ziffer 20 bezeichneten Theilen aufzuschlagen.

Berlin, den 22. Juni 1892.

Der Stellvertreter des Reichskanzlers.

von Boetticher.

Beilage I.

Beschußtafel

für die

Beschußproben von Läufen 2c. für Schrotschuß und Verzeichniß der für die einzelnen Kaliber passenden vorschriftsmäßigen Ladungen.

Kaliber Nr.	Bohrungsdurchmesser	I. Beschußprobe.		II. Beschußprobe (Endprobe).		Vorschriftsmäßige Ladung.	
		Pulver	Schrot	Pulver	Schrot	Pulver	Schrot
	mm	g	g	g	g	g	g
Vorderlader.							
4	26,72	53,1	198,4	35,4	132,3	17,7	99,2
5	24,79	41,4	157,8	27,6	105,2	13,8	78,9
6	23,34	34,8	132,8	23,2	88,5	11,6	66,4
7	22,17	30,0	115,2	20,0	76,8	10,0	57,6
8	21,21	26,25	102,8	17,5	68,5	8,75	51,4
9	20,40	23,7	94,0	15,8	62,7	7,9	47,0
10	19,68	21,3	85,0	14,2	56,7	7,1	42,5
11	19,07	18,6	74,4	12,4	49,6	6,2	37,2
12	18,52	17,4	71,0	11,6	47,3	5,8	35,5
13	18,03	17,4	71,0	11,6	47,3	5,8	35,5
14	17,60	15,9	63,8	10,6	42,5	5,3	31,9
15	17,20	15,9	63,8	10,6	42,5	5,3	31,9
16	16,81	14,7	56,6	9,8	37,7	4,9	28,3
17	16,48	14,7	56,6	9,8	37,7	4,9	28,3
18	16,18	14,7	56,6	9,8	37,7	4,9	28,3
19	15,90	13,2	49,6	8,8	33,1	4,4	24,8
20	15,62	13,2	49,6	8,8	33,1	4,4	24,8
21	15,37	13,2	49,6	8,8	33,1	4,4	24,8

Kaliber Nr.	Bohrungsdurchmesser	I. Beschußprobe.		II. Beschußprobe (Endprobe).		Vorschriftsmäßige Ladung.	
		Pulver	Schrot	Pulver	Schrot	Pulver	Schrot
	mm	g	g	g	g	g	g
22	15,14	10,8	42,5	7,2	28,33	3,6	21,25
23	14,91	10,8	42,5	7,2	28,33	3,6	21,25
24	14,71	10,8	42,5	7,2	28,33	3,6	21,25
25	14,50	10,8	42,5	7,2	28,33	3,6	21,25
26	14,30	10,8	42,5	7,2	28,33	3,6	21,25
27	14,12	10,8	42,5	7,2	28,33	3,6	21,25
28	13,97	10,8	42,5	7,2	28,33	3,6	21,25
29	13,79	10,8	42,5	7,2	28,33	3,6	21,25
30	13,64	10,8	42,5	7,2	28,33	3,6	21,25
31	13,49	8,0	31,8	5,3	21,2	2,66	15,9
32	13,36	8,0	31,8	5,3	21,2	2,66	15,9
33	13,21	8,0	31,8	5,3	21,2	2,66	15,9
34	13,08	8,0	31,8	5,3	21,2	2,66	15,9
35	12,95	8,0	31,8	5,3	21,2	2,66	15,9
36	12,85	8,0	31,8	5,3	21,2	2,66	15,9
37	12,72	8,0	31,8	5,3	21,2	2,66	15,9
38	12,62	8,0	31,8	5,3	21,2	2,66	15,9
39	12,5	8,0	31,8	5,3	21,2	2,66	15,9
40	12,39	8,0	31,8	5,3	21,2	2,66	15,9
41	12,29	5,25	21,2	3,5	14,1	1,75	10,6
42	12,19	5,25	21,2	3,5	14,1	1,75	10,6
43	12,09	5,25	21,2	3,5	14,1	1,75	10,6
44	12,01	5,25	21,2	3,5	14,1	1,75	10,6
45	11,91	5,25	21,2	3,5	14,1	1,75	10,6
46	11,84	5,25	21,2	3,5	14,1	1,75	10,6
47	11,76	5,25	21,2	3,5	14,1	1,75	10,6
48	11,66	5,25	21,2	3,5	14,1	1,75	10,6
49	11,58	5,25	21,2	3,5	14,1	1,75	10,6
50	11,51	5,25	21,2	3,5	14,1	1,75	10,6

Kaliber Nr.	Bohrungsdurchmesser mm	I. Beschußprobe. Pulver g	I. Beschußprobe. Schrot g	II. Beschußprobe (Endprobe). Pulver g	II. Beschußprobe (Endprobe). Schrot g	Vorschriftsmäßige Ladung. Pulver g	Vorschriftsmäßige Ladung. Schrot g
				Hinterlader.			
4	26,72	47,7	170,0	31,8	113,3	15,9	85,0
5/2	26,06	47,7	170,0	31,8	113,3	15,9	85,0
5/1	25,42	47,7	170,0	31,8	113,3	15,9	85,0
5	24,79	47,7	170,0	31,8	113,3	15,9	85,0
6/2	23,62	47,7	170,0	31,8	113,3	15,9	85,0
6/1	23,82	47,7	170,0	31,8	113,3	15,9	85,0
6	23,34	47,7	170,0	31,8	113,3	15,9	85,0
7/2	22,94	47,7	170,0	31,8	113,3	15,9	85,0
7/1	22,85	31,8	113,4	21,2	75,6	10,6	56,7
7	22,17	31,8	113,4	21,2	75,6	10,6	56,7
8/2	21,84	31,8	113,4	21,2	75,6	10,6	56,7
8/1	21,51	31,8	113,4	21,2	75,6	10,6	56,7
8	21,21	31,8	113,4	21,2	75,6	10,6	56,7
9/2	20,93	31,8	113,4	21,2	75,6	10,6	56,7
9/1	20,65	31,8	113,4	21,2	75,6	10,6	56,7
9	20,40	31,8	113,4	21,2	75,6	10,6	56,7
10/2	20,14	21,3	85,0	14,2	56,7	7,1	42,5
10/1	19,91	21,3	85,0	14,2	56,7	7,1	42,5
10	19,68	21,3	85,0	14,2	56,7	7,1	42,5
11/1	19,38	21,3	85,0	14,2	56,7	7,1	42,5
11	19,07	21,3	85,0	14,2	56,7	7,1	42,5
12/1	18,80	17,4	71,0	11,6	47,3	5,8	35,5
12	18,52	17,4	71,0	11,6	47,3	5,8	35,5
13/1	18,26	17,4	71,0	11,6	47,3	5,8	35,5
13	18,03	17,4	71,0	11,6	47,3	5,8	35,5
14/1	17,80	15,9	63,8	10,6	42,5	5,3	31,9
14	17,60	15,9	63,8	10,6	42,5	5,3	31,9
15/1	17,40	15,9	63,8	10,6	42,5	5,3	31,9
15	17,20	15,9	63,8	10,6	42,5	5,3	31,9

Kaliber Nr.	Bohrungsdurchmesser	I. Beschußprobe.		II. Beschußprobe (Endprobe).		Vorschriftsmäßige Ladung.	
		Pulver	Schrot	Pulver	Schrot	Pulver	Schrot
	mm	g	g	g	g	g	g
16/1	16,99	14,7	56,6	9,8	37,7	4,9	28,3
16	16,81	14,7	56,6	9,8	37,7	4,9	28,3
17/1	16,64	14,7	56,6	9,8	37,7	4,9	28,3
17	16,48	14,7	56,6	9,8	37,7	4,9	28,3
18	16,18	14,7	56,6	9,8	37,7	4,9	28,3
19	15,90	13,2	49,6	8,8	33,1	4,4	24,8
20	15,62	13,2	49,6	8,8	33,1	4,4	24,8
21	15,37	13,2	49,6	8,8	33,1	4,4	24,8
22	15,14	13,2	49,6	8,8	33,1	4,4	24,8
23	14,91	10,8	42,5	7,2	28,3	3,6	21,25
24	14,71	10,8	42,5	7,2	28,3	3,6	21,25
25	14,50	10,8	42,5	7,2	28,3	3,6	21,25
26	14,30	10,8	42,5	7,2	28,3	3,6	21,25
27	14,12	10,8	42,5	7,2	28,3	3,6	21,25
28	13,97	10,8	42,5	7,2	28,3	3,6	21,25
29	13,79	10,8	42,5	7,2	28,3	3,6	21,25
30	13,64	8,1	28,4	5,4	18,9	2,7	14,2
31	13,49	8,1	28,4	5,4	18,9	2,7	14,2
32	13,36	8,1	28,4	5,4	18,9	2,7	14,2

Beilage II.

Beschußtafel

für die

Beschußproben von Läufen 2c. für ein Einzelgeschoß und Verzeichniß der für die einzelnen Kaliber passenden vorschriftsmäßigen Ladungen.

Kaliber Nr.	Bohrungsdurchmesser	I. Beschußprobe.		II. Beschußprobe (Endprobe).		Vorschriftsmäßige Ladung.	
		Pulver	Geschoß	Pulver	Geschoß	Pulver	Geschoß
	mm	g	g	g	g	g	g
1	42,39	221,4	984,1	147,6	984,1	73,8	738,1
	38,10	159,9	711,3	106,6	711,3	53,3	533,5
2	33,05	109,8	487,7	73,2	487,7	36,6	365,8
	31,75	92,1	408,3	61,4	408,3	30,7	306,2
3	29,39	72,6	322,7	48,4	322,7	24,2	242,0
4	26,72	54,3	241,2	36,2	241,2	18,1	180,9
	25,40	46,5	206,5	31,0	206,5	15,5	154,9
5	24,79	43,2	191,7	28,8	191,7	14,4	143,8
6	23,34	36,0	159,5	24,0	159,5	12,0	119,6
	22,86	33,6	149,6	22,4	149,6	11,2	112,2
7	22,17	30,6	136,3	20,4	136,3	10,2	102,2
	21,59	28,2	125,5	18,8	125,5	9,4	94,1
8	21,21	26,7	118,8	17,8	118,8	8,9	89,1
9	20,40	23,7	105,5	15,8	105,5	7,9	79,1
	20,32	23,4	104,1	15,6	104,1	7,8	78,1
10	19,68	21,3	94,4	14,2	94,4	7,1	70,8
	19,56	20,7	92,7	13,8	92,7	6,9	69,5
	19,30	20,1	89,1	13,4	89,1	6,7	66,8
11	19,07	19,5	86,0	13,0	86,0	6,5	64,5
	19,05	19,5	85,7	13,0	85,7	6,5	64,3
	18,80	18,6	82,3	12,4	82,3	6,2	61,7
	18,54	18,3	78,9	12,2	78,9	6,1	59,2

Kaliber Nr.	Bohrungsdurchmesser mm	I. Beschußprobe. Pulver g	I. Beschußprobe. Geschoß g	II. Beschußprobe (Endprobe). Pulver g	II. Beschußprobe (Endprobe). Geschoß g	Vorschriftsmäßige Ladung. Pulver g	Vorschriftsmäßige Ladung. Geschoß g
12	18,52	18,3	78,7	12,2	78,7	6,1	59,0
	18,29	17,4	75,9	11,6	75,9	5,8	56,9
13	18,03	16,8	72,8	11,2	72,8	5,6	54,6
	17,78	16,5	69,9	11,0	69,9	5,5	52,4
14	17,60	16,5	67,9	11,0	67,9	5,5	50,9
	17,53	16,5	66,9	11,0	66,9	5,5	50,2
	17,27	16,5	64,3	11,0	64,3	5,5	48,2
15	17,20	16,5	63,5	11,0	63,5	5,5	47,6
	17,02	16,5	61,7	11,0	61,7	5,5	46,3
16	16,81	16,5	59,7	11,0	59,7	5,5	44,8
	16,76	16,5	59,3	11,0	59,3	5,5	44,5
	16,51	16,5	57,1	11,0	57,1	5,5	42,8
17	16,48	16,5	56,8	11,0	56,8	5,5	42,6
	16,26	16,5	54,9	11,0	54,9	5,5	41,2
18	16,18	16,5	54,3	11,0	54,3	5,5	40,7
	16,00	16,5	53,1	11,0	53,1	5,5	39,8
19	15,90	16,5	52,3	11,0	52,3	5,5	39,2
	15,75	16,5	51,3	11,0	51,3	5,5	38,5
20	15,62	16,5	50,4	11,0	50,4	5,5	37,8
	15,49	16,5	49,7	11,0	49,7	5,5	37,3
21	15,37	16,5	49,1	11,0	49,1	5,5	36,8
	15,24	16,5	48,5	11,0	48,5	5,5	36,4
22	15,14	16,5	48,0	11,0	48,0	5,5	36,0
	14,99	16,5	47,3	11,0	47,3	5,5	35,5
23	14,91	16,5	47,0	11,0	47,0	5,5	35,25
	14,73	16,5	46,4	11,0	46,4	5,5	34,8
24	14,71	16,5	46,4	11,0	46,4	5,5	34,8
	14,66	16,5	46,3	11,0	46,3	5,5	34,7
25	14,50	16,5	46,3	11,0	46,3	5,5	34,7
	14,48	16,5	46,3	11,0	46,3	5,5	34,7

Kaliber Nr.	Bohrungsdurchmesser	I. Beschußprobe.		II. Beschußprobe (Endprobe).		Vorschriftsmäßige Ladung.	
		Pulver	Geschoß	Pulver	Geschoß	Pulver	Geschoß
	mm	g	g	g	g	g	g
26	14,30	16,5	46,3	11,0	46,3	5,5	34,7
	14,22	16,5	46,3	11,0	46,3	5,5	34,7
27	14,12	16,5	46,3	11,0	46,3	5,5	34,7
28	13,97	16,5	46,3	11,0	46,3	5,5	34,7
29	13,79	16,5	46,3	11,0	46,3	5,5	34,7
	13,72	16,5	46,3	11,0	46,3	5,5	34,7
30	13,64	16,5	46,3	11,0	46,3	5,5	34,7
31	13,49	16,5	46,3	11,0	46,3	5,5	34,7
	13,46	16,5	46,3	11,0	46,3	5,5	34,7
32	13,36	16,5	46,3	11,0	46,3	5,5	34,7
33	13,21	16,5	46,3	11,0	46,3	5,5	34,7
34	13,08	16,5	46,3	11,0	46,3	5,5	34,7
35	12,95	16,5	46,3	11,0	46,3	5,5	34,7
36	12,85	16,5	46,3	11,0	46,3	5,5	34,7
37	12,72	16,5	46,3	11,0	46,3	5,5	34,7
	12,70	16,5	46,3	11,0	46,3	5,5	34,7
38	12,62	16,5	46,3	11,0	46,3	5,5	34,7
39	12,50	16,5	46,3	11,0	46,3	5,5	34,7
	12,45	16,5	46,3	11,0	46,3	5,5	34,7
40	12,39	16,5	46,3	11,0	46,3	5,5	34,7
41	12,29	16,5	46,3	11,0	46,3	5,5	34,7
42	12,19	16,5	46,3	11,0	46,3	5,5	34,7
43	12,09	16,5	46,3	11,0	46,3	5,5	34,7
44	12,01	16,5	46,3	11,0	46,3	5,5	34,7
	11,94	16,5	46,3	11,0	46,3	5,5	34,7
45	11,91	16,5	46,3	11,0	46,3	5,5	34,7
46	11,84	16,5	46,3	11,0	46,3	5,5	34,7
47	11,76	16,5	46,3	11,0	46,3	5,5	34,7
	11,68	16,5	46,3	11,0	46,3	5,5	34,7

Kaliber Nr.	Bohrungsdurchmesser mm	I. Beschußprobe. Pulver g	I. Beschußprobe. Geschoß g	II. Beschußprobe (Endprobe). Pulver g	II. Beschußprobe (Endprobe). Geschoß g	Vorschriftsmäßige Ladung. Pulver g	Vorschriftsmäßige Ladung. Geschoß g
48	11,66	16,5	46,3	11,0	46,3	5,5	34,7
49	11,58	16,5	46,3	11,0	46,3	5,5	34,7
50	11,51	16,5	46,3	11,0	46,3	5,5	34,7
	11,45	16,5	46,3	11,0	46,3	5,5	34,7
51,05	11,43	16,5	46,3	11,0	46,3	5,5	34,7
54,61	11,18	16,5	43,6	11,0	43,6	5,5	32,7
58,50	10,92	16,5	40,9	11,0	40,9	5,5	30,7
62,78	10,67	16,5	38,1	11,0	38,1	5,5	28,6
67,49	10,41	16,5	35,5	11,0	35,5	5,5	26,6
72,68	10,16	16,5	32,8	11,0	32,8	5,5	24,6
78,41	9,91	10,8	31,2	7,2	31,2	3,6	23,4
84,77	9,65	10,2	29,5	6,8	29,5	3,4	22,1
91,83	9,40	9,3	27,9	6,2	27,9	3,1	20,9
99,70	9,14	8,7	26,1	5,8	26,1	2,9	19,6
108,49	8,89	8,1	24,4	5,4	24,4	2,7	18,3
118,35	8,64	7,5	22,9	5,0	22,9	2,5	17,2
129,43	8,38	6,9	21,2	4,6	21,2	2,3	15,9
141,95	8,13	6,3	19,5	4,2	19,5	2,1	14,6
156,14	7,87	5,7	17,7	3,8	17,7	1,9	13,3
172,28	7,62	5,4	16,1	3,6	16,1	1,8	12,1

Beschußtafel

für die Prüfung von Läufen ꝛc. für ein Einzelgeschoß und schärferer Ladung (Expreßbüchsen) als gewöhnlich.

24	14,66	32,1	51,9	21,4	51,9	10,7	38,9
37	12,70	29,1	38,0	19,4	38,0	9,7	28,5
51,05	11,43	23,4	37,2	15,6	37,2	7,8	27,9
72,68	10,16	16,5	19,1	11,0	19,1	5,5	14,3
99,7	9,14	9,75	11,2	6,5	11,2	3,25	8,4

Anmerkungen zu den Ausführungsbestimmungen.

(Beschußtafeln.)

In der Beschußtabelle sind die gebräuchlichen, im Handel vorkommenden Kaliber-Nummern für Hinterladerschrotläufe noch in Unterabtheilungen getheilt z. B. 5/2, 5/1, 5, 12/1, 12, wodurch den Schwankungen in der inneren Weite der durch die gleichen Nummern zusammengefaßten Kaliber Rechnung getragen ist.

Für eine ganze Reihe derartiger Kaliber ist jedoch stets ein und dieselbe Probirladung festgesetzt.

Die Kaliber-Nummern der österreichischen Vorschrift beschränken sich auf die im Handel vorkommenden geraden Nummern und sind für dieselben folgende Bohrungsdurchmesser und Probirladungen (Musketenpulver) festgesetzt. Als Bleiladung erhalten in Oesterreich die cylindrisch gebohrten Schrotläufe eine Bleikugel von 0,5 mm schwächerem Durchmesser als das Kaliber des Laufes. Konisch gebohrte und Chokebore-Läufe die $1^1/_2$fache Quantität Schrot Nr. 4.

Gezogene Kugelläufe werden mit einem Bleicylinder von dem Durchmesser des normalen Geschosses, dessen Länge bis incl. Kal. 30 : 25 mm bis incl. Kal. 50 : 30 mm beträgt, beschossen.

Tabelle

der in Oesterreich angenommenen Normal-Kaliber und der für die Erprobung der Läufe zur Anwendung kommenden Pulverladungen. (Musketenpulver.)

Kaliber Nr.	Bohrungs-durch-messer.	Pulverladung für die I.	II.	III.	
des Laufes		Probe.			
		Schrot- u. Kugelläufe		Schrotläufe	Kugelläufe
	mm	g	g	g	g
8	19,8	20,6	13,7	9,1	10
10	19,4	20,2	13,4	8,9	10
12	18,8	19,6	13	8,7	10
14	18,2	18,9	12,6	8,4	10
16	17,6	18	12	8	10
18	17,2	17,8	11,8	7,9	9
20	16,6	17,2	11,4	7,6	9
22	16,2	16,8	11,2	7,5	9
24	15,8	16,4	10,9	7,3	9
26	15,4	16	10,6	7,1	9
28	14,8	15,4	10,2	6,8	9
30	14,4	15	10	6,7	9
32	14	14,5	9,6	6,4	8
34	13,6	14,1	9,4	6,3	8
36	13,2	13,8	9,2	6,1	8
38	12,6	13,1	8,7	5,8	8
40	12,2	12,6	8,4	5,6	8
42	11,8	12,2	8,1	5,4	8
44	11,4	11,8	7,8	5,2	7
46	11	11,4	7,6	5,1	7
48	10,6	11	7,3	4,9	7
50	10,2	10,6	7	4,7	7
Diverse	10—7	10	7	4,5	7

Englischer Normal-Bohrungsdurchmesser für einige gebräuchliche Kaliber.

Kaliber	9	0,803"	engl.	= 20,39	mm
"	10	0,775"	"	= 19,68	"
"	11	0,751"	"	= 19,07	"
"	12	0,729"	"	= 18,51	"
"	13	0,710"	"	= 18,03	"
"	14	0,693"	"	= 17,55	"
"	15	0,677"	"	= 17,29	"
"	16	0,662"	"	= 16,81	"
"	17	0,649"	"	= 16,48	"
"	18	0,637"	"	= 16,17	"
"	19	0,626"	"	= 15,90	"
"	20	0,615"	"	= 15,62	"

Französische Normal-Kaliber und die bei der Prüfung der Läufe angewandte Probirladung an Pulver (poudre fin) und Blei.

Kaliber Nr.	Durchmesser in mm	Gewicht an Pulver in g	Gewicht an Blei in g
4	26	19,6	147
8	21,2	16	120
10	19,4	14	100
12	18,4	11	70
14	17,6	10	60
16	17	9	50
20	15,9	8,5	45
24	15	8	40
28	14,2	7,5	35
32	12,9	7	30

Bei der Prüfung der fertigen Gewehre werden eine oder mehrere Patronen mit folgender Ladung daraus verschossen:

Kaliber Nr.	Pulver	Blei
4	11,5	75
	12,5	93
	13,5	135
8	9	65
	10	75
	11	110
10	6,5	50
	7,5	75
	8,5	85
12	6,5	45
	6,5	55
	6,5	60
	6,5	65
14	5,5	40
	5,5	50
	5,5	65
16	5	30
	5	40
	5	55
	5	60
20	4,5	30
	4,5	40
	4,5	50
24	3,5	35
28	3	30
32	2,5	25

Die belgische Kaliber-Skala stimmt in den meisten Kalibern mit der französischen überein. In Belgien werden die Läufe von einläufigen Gewehren und Pistolen sowie Revolvern nur einmal probirt. Die Läufe zu Doppelgewehren werden erst einzeln und zum 2. Male im zusammengelötheten Zustande probirt. Die 3. Probe betrifft das fertige Gewehr. Einläufige Hinterlader-Gewehre werden 2mal probirt. Zuerst die rohen Läufe, dann das fertige Gewehr. Salon-Gewehre und kleinkalibrige Waffen ähnlicher Art werden nur im fertigen Zustande einer Prüfung unterworfen.

Die Probirladungen sind in folgender Weise festgesetzt:

Bei der ersten Probe erhalten die Läufe eine Pulverladung (Jagdpulver), welche $^2/_3$ des Gewichtes einer Bleikugel beträgt, welche 0,6 mm schwächer als das Kaliber des Laufes ist. So werden z. B. die Läufe eines Schrotgewehres Kal. 16 mit einer Pulverladung von 18 g und einer Bleikugel von 28 g Gewicht, Kal. 12 mit 22 g Pulver und 33 g Blei beschossen.

Bei der 2. Probe werden $^2/_3$ der Pulverladung der ersten Probe angewandt, also bei Kal. 16 12 g Pulver und bei Kal. 12 14 g Pulver.

Bei der 2. Prüfung der einläufigen Hinterlader-Gewehre beträgt die Pulverladung die Hälfte der für die 2. Prüfung der Doppelläufe angewandten, jedoch wird hierzu feinkörniges Pulver (poudre superfine) verwendet.

Bei der Endprüfung der doppelläufigen Gewehre entspricht die Pulverladung der Hälfte der der 2. Prüfung. Es wird also ein Doppelgewehr Kal. 16 mit 6 g und ein solches Kal. 12 mit 7 g feinkörnigem Pulver beschossen.

Läufe zu Militärgewehren von einem Kaliber über 14 mm erhalten eine Probirladung, welche gleich ist dem Gewichte einer das Kaliber ausfüllenden Bleikugel. Also z. B. ein Lauf von einem Kaliber von 17,6 mm 27,5 g Pulver.

Die Probirladungen für die 1. und 2. Probe von Läufen für Militärgewehre von einem kleineren Kaliber, wie 14 mm, werden durch den Vorstand des Probirhauses unter Zustimmung des Gouverneurs jedesmal besonders festgesetzt.

Druck von C. H. Schulze & Co. in Gräfenhainichen.

15. **Gerichtskostengesetz und Gebührenordnungen für Gerichtsvollzieher, für Zeugen und Sachverständige. Mit Kostentabellen.** Von R. Sydow. Vierte Auflage. 80 Pf.

16. **Rechtsanwaltsordnung für das Deutsche Reich.** Von R. Sydow. Zweite Auflage. 50 Pf.

17. **Gebührenordnung für Rechtsanwälte.** Von R. Sydow. Dritte Auflage. 60 Pf.

18. **Gesetz, betreffend die Reichsstempelabgaben** in der Fassung des Gesetzes vom 29. Mai 1885 (Börsensteuergesetz). Von B. Gaupp. Fünfte Auflage. 2 Mark 50 Pf.

19. **Die Seegesetzgebung des Deutschen Reiches.** Von Dr. jur. W. E. Knitschky. 3 Mark.

20. **Krankenversicherungsgesetz, vom 15. Juni 1883** in der Fassung der Novelle vom 10. April 1892. Von E. v. Woedtke. Vierte Auflage. 2 Mark.

21. **Die Konsulargesetzgebung des Deutschen Reiches.** Von Dr. Philipp Zorn. 4 Mark.

22. **Patentgesetz. Gesetz über Muster- und Modellschutz. Gesetz über Markenschutz.** Von Berger. Dritte Auflage. (In Vorbereitung.)

23. **Unfallversicherungsgesetz** und **Gesetz über die Ausdehnung der Unfall- und Krankenversicherung.** Von E. von Woedtke. Vierte Auflage. 2 Mark.

24. **Reichsgesetz, betreffend die Kommanditgesellschaften auf Aktien und die Aktiengesellschaften.** Von H. Keyßner und Dr. H. V. Simon. Dritte Auflage. 1 Mark.

25. **Gesetz wegen Erhebung der Brausteuer** vom 31. Mai 1872. Von E. Bertho. 1 Mark 60 Pf.

26. **Die Reichsgesetzgebung über Münz- und Bankwesen, Papiergeld, Prämienpapiere und Reichsanleihen.** Von Dr. R. Koch. Zweite Auflage. 2 Mark 40 Pf.

27. **Die Gesetzgebung, betreffend das Gesundheitswesen im Deutschen Reich.** Von Dr. jur. C. Goesch und Dr. med. J. Karsten. 1 Mk. 60 Pf.

28. **Gesetz, betreffend die Unfallversicherung der bei Bauten beschäftigten Personen.** Von Leo Mugdan. 1 Mark 25 Pf.

29. **Gesetz, betreffend die Erwerbs- und Wirthschaftsgenossenschaften.** Von L. Parisius. Fünfte Auflage. 1 Mark 25 Pf.

30. **Gesetz, betreffend die Invaliditäts- und Altersversicherung der Arbeiter.** Von E. von Woedtke. Vierte Auflage. 2 Mark.

31. **Gesetz, betreffend die Gewerbegerichte.** Vom 29. Juli 1890. Von L. Mugdan. Zweite Ausgabe. 1 Mk. 25 Pf.

32. **Reichsgesetz, betreffend die Gesellschaften mit beschränkter Haftung.** Von L. Parisius. 1 Mark.

FSC
www.fsc.org
MIX
Papier | Fördert
gute Waldnutzung
FSC® C083411

Kolibri 360 GmbH
Ferdinand-Jühlke-Straße 7
99095 Erfurt, Deutschland
produktsicherheit@kolibri360.de